Gütersloher Taschenbücher / Siebenstern 221

Ernesto Cardenal

Meditation und Widerstand

Dokumentarische Texte und neue Gedichte

Mit einem Vorwort von Helmut Gollwitzer
Herausgegeben von Hermann Schulz

Gütersloher Verlagshaus
Gerd Mohn

Originalausgabe

CIP-Kurztitelaufnahme der Deutschen Bibliothek

Cardenal, Ernesto
[Sammlung ‹dt.›]
Meditation und Widerstand: dokumentar. Texte u. neue Gedichte / Ernesto Cardenal. Mit e. Vorwort von Helmut Gollwitzer.
Hrsg. von Hermann Schulz. – Orig.-Ausg., 2. Aufl. (11.–20. Tsd.). – Gütersloh: Gütersloher Verlagshaus Mohn, 1979.
(Gütersloher Taschenbücher Siebenstern; 221)
ISBN 3-579-03981-4

ISBN 3-579-03981-4

2. Auflage (11.–20. Tsd.), 1979

Gesamtherstellung: Clausen & Bosse, Leck
Umschlagentwurf: Dieter Rehder, Aachen
Printed in Germany

Inhalt

Vorwort

»Die Zukunft wird anders sein,
wenn wir die Gegenwart verändern.«

Die Botschaft Ernesto Cardenals kommt aus der Schöpfung und sie kommt aus dem Reiche Gottes. Sie kommt aus dem Ursprung und aus der Zukunft. Biblische Schöpfungsgeschichte, in indianischen Mythos übersetzt: »Etwas Leeres knüpfe ich fest«, sagte Er und schuf darauf »die großen Bäume des Urwalds« und die Palme, »daß wir zu trinken hätten«, und die Zikade, den großen und den kleinen Ameisenbär und »alle die Vögel« (Seiten 48/49). Alles strebt zueinander, alles hängt aneinander: »Ein Elektron will niemals allein sein«. »Das Universum ist Verdichtung« (Seite 42), und diese Verdichtung ist Liebe (Seite 22). »Alle Materie ist Anziehung« (Seite 43): Dialektischer Materialismus in biblische Schöpfungsgeschichte übersetzt; denn: »Die Idole sind Idealismus. Während die Propheten sich zum dialektischen Materialismus bekannten« (Seite 37).

Natur ist Liebesbotschaft an uns. Universum predigt Liebe. »Die Schönheit dieser Ufer – ein Präludium der Gesellschaft, die wir einst haben werden« (Seite 33). So aber zeigt sich Natur nur von vorne gesehen, vom Reiche Gottes her; in sich selbst ist sie noch nicht vollständig die heile Welt. Denn »Jaguar hinter Tapir, Tapir schreckt Affen auf, Affen scheuchen ...« (Seite 33). Von vorne, vom Reiche Gottes her gesehen, vom Sieg der Liebe her gesehen ist schon Natur durchtränkt von der Botschaft der Liebe. Dies aber nicht, damit wir uns passiv und faul darin verlieren, sondern damit wir aufstehen: »Erhebt Euch: Du und Du und Du. Schon krähen die Hähne!« (Seite 57). »Jeder Hahn, der des Nachts in Brasilien kräht, / ist jetzt subversiv, / er singt: Revolucião« (Seite 41). Und dies, weil »die ganze Schöpfung / forderte, forderte schreiend / die Revolution« (Seite 47).

Welche? Die Revolution des Reiches Gottes. »Die Schau des Reiches Gottes ist subversiv« (Seite 88). Was wäre das für ein Reich Gottes, das nicht subversiv und nicht revolutionär wäre gegen alles, was ihm widerspricht? Gegen den Haß – er ist reaktionär, gegen den Tod – er ist der Status quo, vorher noch gegen den Egoismus, dem Trennungsleiden der »zerbrochenen Menschheit«. Denn: »Nur die Liebe ist revolutionär« (Seite 42); die aber ist nur, wenn sie revolutionär ist.

Man kann ganz schön erbaut werden von so schönen Visionen. Dazu waren immer schon die Dichter da: die besseren Stände in ihren Mußestunden, wenn auch sie sich unbefriedigt fühlten, zu erbauen mit großen und schönen Visionen. Ein großer Lyriker wie Cardenal hat die Macht, uns vorzuträumen die bessere Welt der Liebe, den Liebesklang des Universums. Man liest das so gerne in freien Stunden und vergißt die Welt um sich her. Die Somozas, falls auch sie lesen, kaufen sich solchen Zeitvertreib, in bibliophilen Ausgaben, numeriert und vom Autor signiert: poetische Schwärmereien von idealen Welten und neuen Menschen. Ungefährlich. Opium für Weltschmerz, selbst den der Somozas. Aber:

Die Botschaft kommt aus dem Massengrab. Aus der Hölle, die heute Lateinamerika heißt. Letzte Nachricht: Die Geheimdienstchefs aller dortigen Diktaturen (und kaum ein lateinamerikanisches Land fehlt mehr) sind in Buenos Aires zusammengetreten und haben ein Koordinationsbüro gegründet. Das Asylrecht (alte Tradition dieses Kontinents) ist abgeschafft. Jedes Land arretiert die Tausende in ihm lebenden Emigranten und schiebt sie zu denjenigen Geheimdiensten ab, die für ihre Folterung und Ermordung zuständig sind. Die beste Jugend eines ganzen Kontinents, die engagierten Professoren und Schriftsteller, die Arbeiter und Bauern, die die anderen mitzureißen verstanden, sie alle werden umgebracht, damit unter den Somozas – der Name wird Symbol für das dicht gewordene Netz der Unterdrückung über dem ganzen Kontinent – und ihren Komplizen eine Millionenmasse übrigbleibt, unfähig zum Aufstehen, weil durch Unterernährung im Kindesalter lebenslang gehirngeschädigt.

Die Komplizen – das sind oberhalb der Somozas deren nordamerikanische Bosse. Was, schlecht genug verteilt, Wohlstand ist in den USA, wäre nicht ohne die Ausplünderung dieses »Hinterhofs«. Darum ist leider jeder Versuch eines lateinamerikanischen Landes, Freiheit von der Ausplünderung, und (was identisch ist) wirkliche Demokratie zu erreichen, von den USA her abgewürgt worden.

Komplizen sind die multinationalen Konzerne, auch diejenigen, deren Erzeugnisse ausgetrocknete Mutterbrüste durch Säuglingsnahrung ersetzen, an der Analphabeten-Kinder zugrunde gehen, weil die Mütter die Gebrauchsanweisung nicht lesen können, auch die Konzerne, die riesige Areale im Amazonasgebiet aufkaufen, von denen die Indios und die kleinen Farmer weggekillt werden: »Von 1900 Muducuras noch 1200. Von 4000 Carajas noch 400. / Die Tapalumas: vollkommen. / Die private Aneignung von Eden / oder der grünen Hölle« (Seite 37).

Komplizen sind also auch wir, wir Käufer und Leser, wir Hörer dieser Stimme aus dem Massengrab, auch wir, mitprofitierend an der Ausplünderung jenes Kontinents: auch in unserem Namen »Gewehrkolbenschläge auf den Kopf, Kinnhaken mit verbundenen Fäusten, Elektroden« (Seite 40), auch wir, ungenannt verflochten in »die Geschichte der Schreie von Cúa ... die Geschichte, die die Bäuerinnen von Cúa erzählen, / weinend erzählen«. Complice – Complice – c'est pire qu'auteur (Komplize, Komplize – das ist schlimmer als Täter), ruft Charles Peguy.

Von dorther kommend, für die Kampf- und Leidensgenossen gesungen, zu den Komplizen hindringend, wird die Botschaft offensiv. Jedes schwärmerisch klingende Wort vom Universum und vom Reiche Gottes ist Protest und Verheißung, Kampfeslosung, Waffe gegen den »Kapitalismus, die gehäufte Sünde« (Seite 39). Darum die Härte der gezielt nebeneinander gesetzten Assoziationen von Blumen und Neon-Reklame, von Honig und Coca-Cola – nicht antitechnisch, aber gegen *diese* Technik, die lebenszerstörende im Dienste des Kommerzes. Darum Evangelium nicht mehr eine Brille, um den mörderischen Klassenkampf der Somoza zu übersehen. Kontemplation nicht mehr als Droge, vielmehr ein harter Gegensatz unter den Kontemplativen: Einerseits: »Die Kontemplativen haben fast alle bourgeoise Mentalität« (wie auch viele bei uns in der neufrommen Jugend, über die manche Kirchenleute sich freuen), und Pfingstchristen »scheinen besessen vom Geist, aber sie machen mit der Ausbeutung weiter« (Seite 81). Andererseits: diese »Gruppe von Kontemplativen und Widerstandskämpfern« in New York (Seite 74), ebenso in Solentiname. Kämpfer mit und ohne Gewalt, jeder leistet seinen Beitrag, alle aber Genossen der Martyriumszeit. Atheistische und christliche Kommunisten »Nachfolger des schlechtgekleideten Proletariers und Visionärs, des professionellen Aufwieglers, hingerichtet als Feind des Systems« (Seite 38).

Zu Schutzbehauptungen werden dagegen vorgebrachte theologische Richtigkeiten, mit denen einer von uns vom Schreibtisch her diese radikalen Nachfolger belehren möchte: über die Gewaltlosigkeit Jesu (wir: christlich – pazifistisch, wenn es uns gegen die Revolution paßt, und christlich-militärisch, weil wir uns doch gegen den Osten verteidigen müssen), oder über das Reich Gottes, das doch nicht das gleiche sei wie die neue Gesellschaft und nicht von uns geschaffen werde, sondern allein durch Gott (vgl. die Düsseldorfer Predigt). Nur Mitkämpfende sind zur Korrektur legitimiert. Und außerdem: Der Kältestrom (Blochisch geredet) der politischen oder der theologischen Theorie ist nicht die Aufgabe des Dichter-Priesters, um so mehr aber der Wärmestrom der Vision und der Empörung, der Entdeckungen der Liebe und des schmerzhaften Mitleidens. Allerdings auch er, ohne sich zu dispensieren von theoretischer Klärung. Sie ist durch diese große kämpferische Lyrik hindurch zu erkennen; sie ist vollzogen von einem, der sich zusammenfaßt in dem Satz: »Das Evangelium hat mich zum Marxisten gemacht« (Seite 106).

Er bringt seine Texte herein zu uns und sieht uns zu beim Lesen, uns: »Abends aber issest du deinen Reis und deine gebackenen Bohnen / ... Ohne Leibwächter issest du es / ... und du schläfst – doch nicht von Scheinwerfern, Stacheldrähten, Wachttürmen umgeben.«

Helmut Gollwitzer

Dokumentarische Texte

Offener Brief an General Genie, den Chef des nicaraguanischen Sicherheitsdienstes

Solentiname, 28. Oktober 1972

General Samuel Genie!

Schon seit längerer Zeit ist uns bekannt, daß der Lehrer Mario Peralta, der an der kleinen Dorfschule ganz in unserer Nähe unterrichtet, in Wirklichkeit ein Sicherheitsagent im Rang eines Unteroffiziers ist, obwohl er hier als »Linker« auftritt, der angeblich jeden Abend Radio Havanna hört. Wir wissen auch, daß er in Wirklichkeit nicht Mario Peralta, sondern Jorge Moya heißt. Ganz Solentiname ist von dieser Tatsache unterrichtet. Ich selbst habe ihm zu verstehen gegeben, daß uns seine Identität bekannt ist, und ich weiß auch, daß Sie wissen, daß sie uns bekannt ist. (In Nicaragua ist es nicht schwer, einen Spion aufzuspüren, da diejenigen, die sich gezwungen sehen, einer so unerfreulichen Arbeit nachzugehen, für gewöhnlich aus einfachen Verhältnissen stammen und eben aus diesem Grunde keine Gelegenheit gehabt haben, sich zu bilden und ihre Intelligenz zu entwickeln.) Ich weiß außerdem, daß es nicht das erste Mal ist, daß Sie uns einen Sicherheitsagenten schicken. Nicht, daß mich das irgendwie gestört hätte; im Gegenteil, ich war in gewisser Hinsicht froh darüber, weil ich in bezug auf meine Ideen und Handlungen nichts zu verbergen habe, und weil ich dachte, daß im Falle irgendeines anderen Verdachtes (ich habe gehört, jemand habe Ihnen hinterbracht, ich hätte Waffen unter dem Fußboden meines Hauses versteckt) eine gründliche Untersuchung Klarheit schaffen würde. Das gleiche habe ich bereits öffentlich im Beisein mehrerer Personen dem Lehrer Mario Peralta bzw. dem Unteroffizier Jorge Moya gesagt: Wenn seine Aufgabe darin bestünde, Sie über mich zu informieren, so solle er auf ehrenhafte Weise die Wahrheit berichten. Verschiedene Bauern von Solentiname sprachen ebenfalls in diesem Sinne mit ihm: Wenn er diese Art von Arbeit nötig habe, um zu überleben, so mache es ihnen nichts aus, wenn er in Solentiname herumhorche, vorausgesetzt, er verleumde niemanden.

Durch einen Zufall fiel mir vor kurzem das Fragment eines Berichtes dieses »Lehrers« an Sie in die Hände. Darin ist die Rede von einem »Treffen«, das am 27., 28. und 29. Oktober dieses Jahres in unserer Kirche von Solentiname stattgefunden haben soll. Diese Behauptung ist vollkommen falsch; die einzige Aktivität, die in der betreffenden Woche in unserer Kirche stattgefunden hat, war die sonntägliche Messe. Wie aus dem Bericht hervorgeht, scheinen Sie schon vorher über die beiden ersten Tage dieses »Treffens« unterrichtet worden zu sein, denn das Dokument, das mir in die Hände fiel und das in meinem Besitz ist, trägt den Titel: »DRITTER UND LETZTER TAG DES TREFFENS: Sonntag, 29. Oktober.« Es beginnt mit der Aufzählung der anwesenden Personen, der Zahl der Boote, die unsere Insel ansteuerten, der Anzahl der Personen in jedem Boot und den vollständigen Namen der Bootsführer. Diese Angaben stimmen; es handelt sich jedoch schlicht um die Gemeindemitglieder, die an diesem Sonntag zur Messe kamen. Der Informant unterstreicht besonders die Tatsache, daß viele Jugendliche anwesend waren. Die Anzahl der Jugendlichen soll ungefähr 30 betragen haben.

Danach beschreibt der Informant die Messe, und hier kennt seine Phantasie keine Grenzen mehr. Er schreibt, als erstes sei der Gemeinde ein Mann namens »PETER«, Pedro Rafael Rodriguez, vorgestellt worden, der peruanischer Nationalität und Mitglied der Organisation SINAMOS sei. Diese Organisation soll von der peruanischen Regierung zur Förderung subversiver Gruppen in Lateinamerika gegründet worden sein. Tatsache ist, daß an dieser Messe der bekannte Journalist aus Managua Pedro Rafael Gutierrez, der zu jener Zeit einige Tage in unserer Gemeinschaft verbrachte, teilnahm. Der Informant verändert seinen Namen Pedro Rafael Gutierrez in Pedro Rafael Rodriguez, wobei er wahrscheinlich an Carlos Rafael Rodriguez, einen der Anführer der kubanischen Revolution dachte. Auf Peru und die Organisation SINA-

MOS ist der Informant wahrscheinlich darum gekommen, weil mich vor ungefähr einem Jahr ein peruanischer Freund besucht hatte, der kürzlich der peruanischen Regierungsorganisation SINAMOS beigetreten ist (was der Informant durch irgendeine Bemerkung von mir erfahren haben wird). Aber es ist Ihrem Sicherheitsbüro und der CIA sicherlich kein Geheimnis, daß diese peruanische Organisation in keiner Weise international ausgerichtet ist.

Der Informant gibt im folgenden eine hitzige politische Agitationsrede wieder, die der Peruaner »Peter«, Pedro Rafael Rodriguez, in unserer Kirche gehalten haben soll. Angeblich habe er in dieser Rede die Bevölkerung zum Aufstand gegen die Regierung aufgerufen. Danach habe die Messe ihren normalen Verlauf genommen, und zum Schluß seien alkoholische Getränke ausgeteilt und ein Fest gefeiert worden. Ganz Solentiname kann bezeugen, daß alle diese Behauptungen völlig absurd sind.

Beiläufig erwähnt der Informant auch eine Fahrt zur Insel Ometepe auf dem Motorboot Cosme Canales, die zur Verfolgung eines Manolo Mayorga nötig gewesen sei. Ich muß Sie darüber aufklären, daß der Lehrer Mario Peralta bzw. der Unteroffizier Jorge Moya nie auf dem Motorboot Cosme Canales oder auf irgendeinem anderen Motorboot aus Solentiname nach Ometepe gefahren ist, was allen Einwohnern Solentinames bekannt ist. Wenn er Ihnen die nicht geringen Kosten einer Privatfahrt auf einem Motorboot in Rechnung gestellt hat, so hat er Sie betrogen.

Im Verlauf des weiteren Berichts beklagt sich der Informant darüber, ich würde die Bevölkerung aufwiegeln, die Spenden, die die nordamerikanische Militärmission in Nicaragua, die USCC, CARITAS und CARF über ihn nach Solentiname schickten, nicht anzunehmen. Tatsache ist, daß ich mich nie über die Annahme oder Nicht-Annahme dieser Spenden, die tatsächlich über ihn nach Solentiname gelangen, geäußert habe. Tatsache ist aber auch, daß der Informant ohne mein Wissen und ohne meine Zustimmung meinen Namen gebraucht hat, um einige Firmen in Managua um Spenden für seine Schule (die er auch erhalten hat) anzugehen. Wie Sie sich vorstellen können, würde ich nie eine Schule (die sowieso staatlich ist) fördern oder sonstwie begünstigen, deren Lehrer ein Agent ist, der ausdrücklich dafür angestellt wurde, mich zu bespitzeln.

Ich habe es für notwendig erachtet, Sie und gleichzeitig auch die Bevölkerung Nicaraguas öffentlich über diese ganze Angelegenheit zu informieren, um Sie wissen zu lassen, welche Art von Informationen Ihr Sicherheitsbüro erhält. Mit diesem Beispiel vor Augen liegt es nahe, anzunehmen, daß auch andere Berichte, die Ihnen aus allen Teilen Nicaraguas zugehen, ähnlich konfus sind. Und das ist nur logisch, wenn man bedenkt, daß Ihr System darin besteht, nur zu zahlen, wenn ein Agent Ihnen »reale« Beschuldigungen bringt. Und die armen Agenten, die fast immer der unteren Bevölkerungsschicht angehören und von schweren ökonomischen Problemen bedrängt sind, haben keine andere Wahl als Ihnen alle Arten von erfundenen Informationen zukommen zu lassen, so unsinnig sie auch sein mögen. Auch sie sind nichts anderes als Opfer des Systems – und die unglücklichsten dazu, denn sie wurden gezwungen, ihren Anstand und ihre menschliche Würde zu verkaufen. Auch für ihre Befreiung kämpfen wir.

Man kann sich am Beispiel dieser Informationen vorstellen, was für ein Chaos in Ihren Archiven herrschen muß. Nicht, daß ich ein besonderes Interesse am leistungsfähigen Funktionieren Ihres Büros hätte. Aber es erscheint mir doch erschreckend für unser Land, daß wir alle von der Gnade dieser Art von Informationen abhängen. Und es ist eine Bedrohung für jeden Staatsbürger, wenn in Ihren Archiven nichts als Phantasiegebilde, falsche Daten, Verzerrungen, unsinnige Behauptungen und Wahnideen gesammelt werden.

Gleichzeitig bereitet es mir ernste Sorge, daß viele Gläubige bereits mit einer gewissen Furcht zur Messe nach Solentiname kommen, nachdem sie jetzt wissen, daß sie zum Teil namentlich in den geheimen Archiven des Sicherheitsbüros aufgeführt sind. Man könnte mir entgegenhalten, das habe keine Bedeutung, es handele sich um nichts anderes als um die Informationen eines Spaßmachers oder eines Verrückten. Aber Sie scheinen ihnen eben doch Bedeutung beizumessen, andernfalls wäre es unerklärlich, daß Sie einen solchen Spaßmacher oder Verrückten bezahlen. Und es wäre auch unerklärlich, daß Hubschrauber in der Nähe dieser bescheidenen Dorfschule landen und daß ein Major der nordamerikanischen Streitkräfte sie besucht – wie es tatsächlich geschehen ist.

Wenn es Sie interessiert, was ich persönlich von der Regierung und dem ganzen gegenwärtigen System halte, so haben Sie es nicht nötig, Geheimagenten nach Solentiname zu schicken. Meine Meinung habe ich mehr als einmal öffentlich in der Presse, im Radio und in den Hörsälen der Universitäten zum Ausdruck gebracht, und meine Bücher werden nicht nur in Nicaragua, sondern auch in anderen Ländern gelesen.

Unsere Messe in Solentiname ist oft beschrieben worden, Journalisten und Schriftsteller aus vielen Teilen der Welt haben sie auf Tonband aufgenommen, es gibt Schallplatten und Filmberichte über sie, das deutsche Fernsehen machte sie dem Publikum bekannt. Sollten Sie trotz alldem noch irgendeinen Zweifel hegen, zum Beispiel wegen der angeblich unter meinem Fußboden versteckten Waffen, so brauchen Sie nur einen fähigen und seriösen Agenten nach Solentiname zu schicken; er wird uns herzlich willkommen sein.

Ich würde mich freuen, wenn Sie mir öffentlich und auf die gleiche klare und ehrliche Art antworten würden. Nicht nur um der Solentinamer Bauern, sondern um der ganzen nicaraguanischen Bevölkerung willen. Meine Sorge gilt nicht mir selbst, sondern anderen. Ich persönlich habe keinerlei Furcht: ich habe nichts zu verlieren, weil ich bereits auf alles verzichtet habe. Und der größte Wunsch meines Lebens ist, für die Sache der Unterdrückten sterben zu dürfen, denn die Sache der Armen ist für mich die Sache Christi.

Ich habe diesen Brief ohne persönlichen Groll geschrieben, denn kein menschliches Wesen ist mein Feind. Gott segne Sie alle.

Ernesto Cardenal

Deutsch von Anneliese Schwarzer de Ruiz

Totenmesse für Fernando Gordillo

Wir sind hier zusammengekommen, eine Gruppe von Dichtern und ein Dichter, der zugleich Priester ist, um eine Totenmesse für einen jungen kommunistischen Dichter zu zelebrieren, der unser Freund und Bruder war. Wir haben als Epistel soeben diesen schönen Brief über den Tod gehört, den mir zufällig in diesen Tagen der nadaistische Dichter Gonzalo Arango geschrieben hat. Das scheint mir auf eine neue Zeit hinzudeuten: daß Katholiken eine Messe zelebrieren für einen Kommunisten und dabei einen Text aus der Feder nicht eines Katholiken, sondern eines Atheisten lesen, aber auch keines Kommunisten, sondern eines Nadaisten. Dies erscheint mir, sage ich, wie ein Signal, daß eine neue Zeit angebrochen ist und daß wir hier etwas vorwegnehmen, das in Zukunft die ganze Menschheit erleben wird.

Wir haben zunächst der Kommunistischen Partei von Nicaragua unser aufrichtiges Beileid auszusprechen für den großen Verlust, den sie durch den Tod unseres Freundes Fernando Gordillo erlitten hat. Und unser Beileid an die Kommunistische Partei ist keine Heuchelei, weil es von Katholiken kommt, sondern es ist aufrichtig, weil wir meinen, daß diese Kommunistische Partei mit Gordillo das Wertvollste, was sie besaß, verloren hat, den intelligentesten, integersten und reinsten ihrer Anhänger, und in diesem Sinn ist der Verlust der Kommunistischen Partei ebenso ein Verlust für uns Katholiken. Denn wenn es in dieser Partei jemanden gab, mit dem wir reden konnten und mehr als reden: uns verständigen trotz aller Unterschiede, dann war es mit Fernando Gordillo. Mit ihm haben wir einen Bruder verloren, einen, der zu uns gehörte, ohne dadurch seiner Ideologie untreu zu werden. Wir sagen unser Beileid auch seiner Familie und seiner Freundin Michéle, die ebenso zu uns gehört.

Dieser junge Dichter war vor allem ein aufrichtiger und guter Mensch: er war das, was wir in der christlichen Sprache mit »heilig« bezeichnen. Niemals haben wir erlebt, daß er das Schlechte verteidigt oder daß er das Gute angegriffen hätte. Er war vor allem von Liebe erfüllt, und die Liebe lebte er uns vor. Ich weiß nicht, ob er sie je gepredigt hat. Aber darauf kommt es nicht an, denn wir wissen, daß die Liebe keine Theorie ist, an die man glaubt, sondern Leben.

Außerdem kannte er das Kreuz. Mehr als jeder von uns hat er gelitten. Mehr als jeder von uns hat er die Male der Nägel und die Seitenwunde getragen. Seine Jugend war anders als unsere. Er hat sie im Bett und im Rollstuhl verbracht, von einer schweren und sehr seltenen Krankheit gegeißelt, der Vergrößerung der Thymusdrüse, die wie ein Tumor direkt über seinem Herzen wucherte. Seine Jugend war ein Abbild unseres jungen Staates Nicaragua, der ebenfalls an einem ungeheuren Tumor leidet: dem Kapitalismus und den Somozas, und zwar genau an der Thymusdrüse, die das Wachstum reguliert, in der Herzgegend. Aber nie haben wir Verbitterung oder Haß in seinen Zügen gesehen, ja nicht einmal Traurigkeit, sondern immer nur ein Lächeln, das von seiner Liebe und von seiner Dankbarkeit fürs Leben zeugte.

Wir könnten auch sagen, daß Gordillo ein guter Christ war. Jesus wenigstens hätte das gesagt. Denn Jesus hat einmal eine Parabel erzählt, die von Katholiken und Kommunisten handelt. Es war ein Vater, der hatte zwei Söhne, sagte Jesus. Und der Vater befahl dem einen Sohn, in den Weinberg zu gehen, und der Sohn sagte gehorsam ja, ich gehe, aber er ging nicht. Darauf befahl der Vater das gleiche dem anderen Sohn (der der jüngere gewesen sein muß), und der Sohn widersetzte sich und schimpfte auf den Vater, aber dann schämte er sich in seinem Herzen und ging in den Weinberg. Und Jesus fragte die Pharisäer, welcher der beiden Söhne den Willen des Vaters erfüllt habe. »Der sich widersetzt und auf den Vater geschimpft hat und dann doch in den Weinberg ging«, mußten die Pharisäer antworten. Wir wissen, daß in der biblischen Sprache Weinrebe Liebe bedeutet. Und so gibt es auch Menschen, die sich zum Christentum bekennen, es aber nicht praktizieren, und andere (wie Gordillo), die sich nicht zum Christentum bekennen, es aber in ihren Taten verwirklichen.

Fernando Gordillo war ein echter Dichter, wie jeder von uns, die wir hier stehen. Seine Dichtung, die wir immer bewundert haben, war unbestechlich, und er hat sie niemals etwas untergeordnet, das geringer gewesen wäre als sie selbst, wie etwa einer Ideologie, einer Politik oder politischen Führern. Aber ebensowenig hat er seine Dichtung um ihrer selbst willen geschrieben oder sie für den Zweck des Lebens oder des Universums gehalten, sondern er wußte, daß die Dichtung etwas zu gehorchen habe, das über ihr steht: der Liebe.

Er hat sein Volk sehr geliebt. Vor einigen Monaten sah er mich in Managua mit einer *cotona*, dem traditionellen Hemd der nicaraguanischen Bauern, das man hier, im industrialisierten Teil des Landes, gar nicht mehr kennt. Er war ganz begeistert von diesem Hemd und bat mich, ihm eins als Muster zu schicken, um sich selbst welche machen zu lassen. Vor kurzem habe ich ihm aus Solentiname eine meiner *cotonas* geschickt, aber ich weiß nicht, ob er vor seinem Tod noch Gelegenheit gehabt hat, sie zu tragen.

Er hat sein Volk geliebt und litt darunter, es leiden zu sehen. Ich weiß nicht, ob er je erklärt hat, warum er Kommunist sei, aber ich bin überzeugt, daß der Grund für seinen Kommunismus einzig und allein die Liebe war. Er ließ sich von der Liebe leiten. Einmal erzählte er mir, daß er beim Abitur die Berufung gefühlt habe, einer christlichen Gemeinschaft beizutreten, aber daß er dann an der Universität von León den Glauben verloren habe und Kommunist geworden sei, denn bei den Kommunisten hätte er mehr Liebe gesehen als bei den religiösen Orden. Er fügte hinzu, daß in seinem Herzen eine Leere entstanden sei, seitdem er nicht mehr an Gott glaubte, und daß der Kommunismus sie nicht gefüllt habe; daß er nicht wisse, ob er sie später einmal füllen würde. Ich erinnere mich noch, daß er das Wort *Leere* sehr bewegt aussprach, und deshalb glaube ich, daß er Gott sehr geliebt haben muß und daß die Leere, die er nun empfand, groß gewesen sein muß.

Ich erinnere mich jetzt auch an eine andere Begegnung mit ihm, im Haus von Mejía Sánchez in Mexiko, als ich mit den Mönchen von Cuernavaca lebte. Er bat mich, ihm den Grund für das Leben als Mönch zu erklären. Ich sagte ihm, daß es den Mönchen darum ginge, unter ganz besonderen künstlichen Bedingungen, wie in einem Versuchslabor, eine Form des menschlichen Zusammenlebens zu entwickeln, die später – bloß unter normalen Bedingungen und auf breiter Ebene – das Leben aller Gemeinden und Staaten sein sollte: eine Gemeinschaft der Liebe, in der die Menschen sich gegenseitig weder zu beherrschen noch auszubeuten versuchen, sondern einander dienen. Ich sehe noch ganz deutlich vor mir, wie seine Augen da zu glänzen anfingen und er ausrief: »Aber das sollte viel bekannter sein, dann würden mehr junge Leute in diese Klöster eintreten!«

Das war nach seiner ersten Operation, bei der man ihm die Thymusdrüse herausgeschnitten hatte. Er erzählte uns, daß er unmittelbar vor der Operation, für die man ihm nur eine Überlebenschance von 12 % gegeben hatte, geschrieben habe, er stürbe in der Überzeugung, daß es keinen Gott als Vergelter gäbe, der die Guten belohnt und die Schlechten bestraft. Aber darauf gestand er, daß er das im Grunde wohl nicht deshalb getan habe, weil er davon überzeugt gewesen sei, sondern um sich Mut zu machen. Er scheint sich also gar nicht so sicher gewesen zu sein, daß es den Vergelter nicht gibt. Ich dagegen bin ganz sicher, daß es diesen Gott, den Gordillo geleugnet hat, nicht gibt, sondern ich glaube ausschließlich an einen Gott, der die Liebe ist, und wenn man sagt, daß er »belohnt« oder »straft«, dann ist das bloß ein anderer Ausdruck dafür, ob man für diese Liebe empfänglich ist oder sich ihr verschließt.

Jetzt hat er diese Liebe, die wir hier, wie Paulus gesagt hat, nur schemenhaft erkennen, schon von Angesicht zu Angesicht gesehen. Sicher ist die große Leere in seinem Herzen jetzt gefüllt.

Der linkskatholische Schriftsteller José Bergamín hat während des Spanischen Bürgerkriegs zu den Kommunisten gesagt, daß er an ihrer Seite sei bis zum Tod, aber keinen Schritt über den Tod hinaus. Wir dagegen sagen das zu unserem kommunistischen

Bruder Fernando Gordillo nicht, sondern wir sagen ihm, daß unser Christentum da anfängt, wo der Kommunismus aufhört: im Tod; und daß wir uns ihm verbunden wissen in einer größeren Solidarität als der seiner Partei, in einer tieferen Gemeinschaft als der des Kommunismus, jenseits von seinem und unserem Tod.

(Fernando Gordillo, 1941 bis 1967)
Deutsch von Peter und Rainer Schultze-Kraft

Predigt in der Thomaskirche Düsseldorf 28. 10. 1973

Das Universum ist als Einheit geschaffen.

Die Sterne entstanden durch die Verdichtung der Atome;
und diese Verdichtung ist Liebe.

Ein Elektron will niemals allein sein. Und die Liebe, die die Sterne entzündet hat, schuf auch uns.

Das glauben wir.

Darum sollen wir in einer sozialen Ordnung und Harmonie leben, die jener der Gestirne gleicht.

Und darum sollen alle menschlichen Wesen eins sein.

Darum müssen wir an eine neue Gesellschaft glauben, eine Gesellschaft ohne Klassentrennung, ohne Reiche und Arme, ohne Ausbeuter und Ausgebeutete.
Das ist die Revolution.

Der Kapitalismus ist ein System, das durchsetzt ist von Egoismus und Individualismus und das die Brüderlichkeit nicht kennt und das es uns unmöglich macht, nach dem Evangelium zu leben.

Es ist unmöglich, die Liebe in einer Gesellschaft zu verwirklichen, die in Klassen geteilt ist. Eine Klassengesellschaft ist die Verneinung der christlichen Liebe. Um eine authentische Eucharistie feiern zu können, brauchen wir eine Gesellschaft ohne Klassen. Wir können nicht an den gleichen Tisch zur Eucharistie treten, wenn wir in Klassen getrennt sind, in Arme und Reiche. Der Apostel Paulus sagte: »Das ist nicht der Tisch des Herrn«.

Wie Camilo Torres glauben wir, daß die christliche Kommunion nicht wirklich gefeiert werden kann und auch nicht das wirkliche Opfer, wenn wir nicht vorher in unserem Alltag die Liebe zum Nächsten verwirklichen. Und wie Camilo Torres glauben wir, daß die Revolution die Praxis der Liebe ist, nämlich die Schaffung eines sozialen Systems der Nächstenliebe; eines Systems, daß den Hungrigen Speise, den Nackten Kleidung gibt etc. Johannes der Täufer sagte: »Wer zwei Tuniken hat, der gebe dem eine, der keine hat, und der zu essen hat, gebe dem, der nichts hat.«

Das ist die Definition des Sozialismus. Und wie der Heilige Johannes auch sagte: »Nicht geschehe das um der Ruhe und Trübsal der Anderen willen, sondern das alle gleich seien und daß ein Ausgleich geschehe« (2 Korinther 8,12–14).

Die Kirche, die hier vereint ist, ist ein Zeichen, ein Sakrament der Gesellschaft der Zukunft, einer brüderlichen Gesellschaft, ohne Trennungen, eine Gesellschaft ohne Klassen, einer kommunistischen Gesellschaft.

Ebenso hat Paulus uns gesagt: »Wir sind auf der Suche nach der Stadt der Zukunft« (Hebräer 13–14). Das bedeutet, daß wir die Gesellschaft der Zukunft suchen und schaffen müssen. Diese neue Gesellschaft ist das gleiche wie das Reich Gottes auf Erden. Dieses Reich ist keine Utopie.

Jesus hat uns beauftragt, aller Welt zu sagen:

»Das Reich Gottes ist nahe.«

Deutsch von Hermann Schulz

Weihnachtsgottesdienst in Solentiname
Die Geburt Jesu
Lukas 2,6–7

Und als sie in Bethlehem waren, kam die Zeit, daß Maria gebären sollte. Und sie gebar ihren ersten Sohn und wickelte ihn in Windeln und legte ihn in eine Krippe, denn sie hatten keinen Raum in der Herberge.

Es ist Mitternacht, und wir feiern in der kleinen Kirche von Solentiname die Weihnachtsmesse. Am Vortag wurde Managua durch ein Erdbeben zerstört. Ich sage, daß dort der größte Reichtum des Landes angehäuft war, neben dem größten Elend des Landes. Und daß die Weihnacht, auf die sie sich dort vorbereiteten, gewiß nicht die Weihnacht Christi war, sondern die Weihnacht des Götzen Geld. Der Schmerz, den die Hauptstadt Managua und mit ihr das ganze Land in dieser Nacht erfährt, stimmt besser mit der schmerzlichen Szene überein, von der uns das Evangelium berichtet: Maria ohne Herberge, gezwungen, den Sohn Gottes in einem Stall zur Welt zu bringen. Ich erzähle auch, daß wir einige Stunden vor dem Erdbeben im Radio hörten, daß eine Gruppe von Jungen und Mädchen sich in der Vorhalle der Kathedrale zusammengefunden hatte, um ein dreitägiges Fasten zu beginnen, aus Protest gegen die sozialen Ungerechtigkeiten des Landes: Unterernährung, Wohnungslosigkeit, Ausbeutung der Arbeiter, Raub an der Bevölkerung ... Und um für eine Weihnacht ohne politische Gefangene zu beten.

Zuerst spricht Rebeca: – Von Anfang an wählte Gott die Armut, nicht wahr? Also, ich glaube, Gott will nicht, daß seine Geburt mit großen Festessen und großem Geldausgeben gefeiert wird, wie

Ernesto schon sagte, und auch nicht, daß die Geschäftsleute an seinem Geburtstag verdienen. Er will vielleicht, daß wir so auf ihn warten wie Managua jetzt, denn er wurde arm geboren und will, daß wir alle arm sind, nicht wahr? Oder besser, daß wir alle gleich sind. Und nicht wie in Managua, wo Weihnachten nur ein Fest zum Geldausgeben war – also für die, die Geld hatten –, ein Fest, auf dem man tanzt und sich amüsiert oder was weiß ich. Sie feierten dort nicht seine Ankunft. Das glaube ich ...

Ein anderer fügt hinzu: – Die Bibel sagt es doch ganz klar! Tatsache ist, daß Christus arm geboren wurde, so arm wie der Allerärmste. Die Bibel sagt das ganz klar, und ich verstehe nicht, wieso wir das nicht kapieren.

Ein anderer: – So ein Erdbeben rüttelt die Gewissen wach und führt uns näher zu Gott. Wir Menschen sind nämlich sehr dickköpfig und brauchen einen großen Schock, ums uns zu ändern.

Pedro Rafael Gutiérrez, ein Journalist aus Managua, der seit zwei Monaten bei uns lebt, sagt: – Ich bin praktisch ein Fremder unter Ihnen – es ist genau zwei Monate her, daß mich Cosme Canalas auf seinem Boot hier zur Insel brachte. Aber ich habe schon eine große Zuneigung zu allen gefaßt, zu Octavio, Tomás Peña, Doña Justa, Laureano, Alejandro, William, Teresita, Ernesto ... Es wird mir sehr schwer, Sie jetzt zu verlassen. Aber ich muß nach Managua, um meine Familie zu suchen. Sie alle hier sind sehr arm, aber in Managua werde ich Menschen finden, die ärmer sind als Sie, Menschen ohne Licht, ohne Wasser, ohne Nahrungsmittel und selbst ohne eine Gemeinschaft wie die Ihre hier. Gebe Gott, daß dieser große Schmerz Managuas wie eine Geburt sei. In Managua starben Unschuldige, wie auch Unschuldige starben, als Christus geboren wurde. Aber Christus blieb am Leben, und das ist es, was zählt. Möge aus dieser schrecklichen Weihnacht eine *totale* Umkehr erwachsen. Und ich sage Ihnen allen Adios.

José, der Zimmermann, sagt: – Diese Umkehr muß für alle sein. Auch für uns hier, keiner darf den anderen beherrschen wollen. Wir haben gelesen, daß Jesus arm geboren wurde. Das wird schon seinen Grund haben ...

Der alte Tomás Peña, der ein Bauer und außerdem ein guter Fischer ist: – Der Grund ist, daß er uns zeigen wollte, keinen Reichtum zu suchen, ein großes Haus zum Beispiel, um darin seinen Sohn zu bekommen, nicht wahr? Sondern nur das Einfache, das Natürliche ... Ich sage, daß Pedro recht hatte, von dieser schmerzhaften Weihnacht als von einer Geburt zu sprechen. Christus sprach beim letzten Abendmahl von seinem Tod auch als von einer Geburt. Jede Frau spürt einen großen Schmerz, wenn sie ein Kind zur Welt bringt, sagte er, aber wenn das Kind geboren ist, spürt sie nur noch Freude. So erklärte er seinen Tod und auch allen menschlichen Schmerz. Das verstehen die Frauen unter uns besser. Und das wird auch Maria sehr gut verstanden haben, die ihre Geburtsschmerzen in einem Stall ertragen mußte. Vielleicht sagte er diese Worte vor allem zu ihr, die so sehr litt bei seiner Passion. Aber auch zu uns sagte er es: der menschliche Schmerz hat einen Sinn, er ist für uns eine Geburt.

Julio, einer der Jungen: – Aber der Schmerz Managuas hat vielleicht nur einen Sinn für die Christen, also für die, die ihn verstehen. Aber nicht für die, die ihn nicht verstehen.

Ein anderer Junge: – Der Schmerz hat für alle einen Sinn, ob sie ihn nun verstehen oder nicht, weil auch die Geburt für alle ist. Obwohl die Christen vielleicht die einzigen sind, die den Schmerz verstehen.

Felipe, der Sohn des alten Tomás Peña, dreht sich zu mir herum: – Ich glaube, Ernesto, daß Christus diese Weihnacht so gemacht hat, weil er vor allem die Gleichheit liebt. Viele in Managua bereiteten sich auf eine fröhliche Weihnacht vor, obwohl andere traurig waren. Und wenn das Erdbeben nicht in Managua, sondern auf dem Land gewesen wäre, dann wären sie jetzt nicht traurig. Aber da es die Hauptstadt ist, die in Trümmern liegt, fühlen wir jetzt alle gleich. Alle fühlen den Schmerz aller.

Und Pedro Rafael Gutiérrez, der Journalist: – Was Felipe gerade gesagt hat, ist sehr schön. Das vorige Weihnachtsfest war eine fröhliche Weihnacht in Managua. Die Reichen hatten riesige Truthähne und herrliche Weihnachtsbäume. Ihre Wohnungen waren geschmückt und voller Lichter. Aber Stadtviertel wie zum Beispiel

Acahualinca hatten nichts. Dort war das Elend noch viel größer als auf dem Land. In diesem Jahr hat Acahualinca auch nichts, aber auch die Reichen haben nichts. Der Schmerz hat uns alle gleich gemacht. Zum erstenmal in der Geschichte Nicaraguas teilen Arme und Reiche den Schmerz, den vorher nur die Armen spürten. Und das ist das Allerbeste, was uns geschehen konnte: Der Schmerz hat uns alle gleich gemacht.

Alejandro: – Ich möchte etwas klarstellen. Wir wollen uns doch nicht freuen, weil alle gleich leiden. Das beste ist, wenn keiner leidet, wenn alle genug haben, um an Weihnachten fröhlich zu sein.

Ich sage, das Ziel sei, den Schmerz und selbst den Tod zu besiegen. Wir Christen glauben, daß der Tod eines Tages besiegt sein wird – vom Leben, das heißt, von der Liebe. Schon heute können wir mit der Liebe Krankheit, Unwissenheit, Elend und manchmal selbst Naturkatastrophen besiegen. Aber im Augenblick haben wir noch ein soziales System, das diese Probleme nicht lösen kann. Ein großes Unglück ist über diese Stadt gekommen, und das in einem egoistischen System, wie es der Kapitalismus ist, in dem jeder nur das Seine sucht und nur seinen eigenen Interessen nachgeht, in dem es keine Gemeinsamkeit und keine Zusammenarbeit gibt wie doch selbst bei einigen Tieren – den Zompopos zum Beispiel, den Ameisen oder den Bienen. In einer Gesellschaft, die nicht wie diese egoistisch ist, sondern solidarisch, können Mittel und Wege gefunden werden, um sich vor Naturkatastrophen wie dem Ausbruch eines Vulkans oder einem Erdbeben zu schützen. Genau dazu kam Jesus auf die Welt. Er wurde in eine geteilte und vom Verbrechen beherrschte Gesellschaft hineingeboren, um uns zu vereinen und um diese Ordnung der Dinge zu verändern. Und daran arbeiten wir ... Félix unterbricht mich: – Ich glaube, das Erdbeben war unvermeidlich, wegen der Sünden ...

Olivia, Alejandros Mutter: – Das Erdbeben geschah nicht wegen der Sünden. Die Folgen, die daraus entstehen, die ja, die kommen aus der Sünde, denn die Sünde ist der Egoismus.

Julio: – Die Leiden sind keine Strafe Gottes, denn es sind immer die Armen, die am meisten leiden. Wenn du reich bist, dann bezahlst du einen Wagen oder ein Flugzeug und verschwindest aus der Stadt. Dann hast du keine Probleme.

– Ich glaube, nicht einmal der Präsident hat jetzt etwas davon, daß er reich ist – sagt ein anderer –, denn der Präsident ist ein Mann, der an seinem Geld hängt, und da ein Teil des Präsidentenpalastes eingestürzt ist, fühlt er sich jetzt, als ob er sterbe, und er stirbt doch nicht.

Noch einmal spricht Pedro Rafael Gutiérrez: – Ich glaube, diejenigen, die am meisten unter diesem Erdbeben leiden, sind die Reichen, und ich will euch auch sagen, warum: Im Armenviertel Acahualinca hatten sie noch nie Wasser und Licht noch Milch, noch Reis, noch Bohnen. An diesem Weihnachtsfest haben alle anderen das auch nicht. Aber die Armen mußten schon lange ohne Essen und Licht auskommen, alle Weihnachten waren für sie so. Im Radio sprachen sie von Menschen, die ohne Schuhe und ohne Kleidung auf die Straße gelaufen sind – aber verflixt, seit wie langer Zeit haben die Armen keine Schuhe und keine Kleider?

– Schon seit der Zeit, als Jesus geboren wurde, war das so ...

Wieder spricht Félix: – Ich will euch mal was sagen. Hör zu, Pedro. Die Reichen, die leiden nie. Die Regierung legt dem Handel zum Beispiel eine Steuer von 5 % auf. Aber bezahlen sie die vielleicht? Nein, es sind die Armen! Und sag mal: Wer sind die Arbeiter von Nicaragua, wenn nicht die Armen? Und für wen gibt es dagegen so viele Geschäfte? Ist es nicht für die, die zahlen können? Und dann kommt diese Krise. Aus wem holen sie wieder alles heraus? Aus uns, aus den Bauern, aus den Arbeitern, aus allen, die in Nicaragua arbeiten.

Draußen scheint ein herrlicher Vollmond, und auf beiden Seiten der Kirche liegt der See still und ruhig. Jetzt sprechen fast nur noch die jungen Leute.

– Arm sind nicht nur wir. Auch Managua ist voll von Armen, in Managua lebten nicht nur die Reichen. Arme gibt es überall. Jesus kam, um das Schicksal der Armen zu teilen. Josef und Maria wurden in der Herberge zurückgewiesen, weil sie arm waren. Wenn sie reich gewesen wären, hätte man sie bestimmt gut aufgenommen.

– Gott wollte, daß sein Sohn in einem Stall geboren wurde. Er wollte, daß sein Sohn zur Arbeiterklasse gehörte, nicht? Wenn Gott gewollt hätte, daß sein Sohn von einer reichen Dame geboren würde, dann hätte diese Dame ihr Zimmer in dem Hotel schon bestellt gehabt, vor allem in ihrem Zustand.

– Ich sehe hier die Demut Gottes. Denn Jesus war sein Sohn, und Maria brachte ihn wie irgendeine Hundemutter zur Welt. Und Jesus wollte die Welt von solchen Ungerechtigkeiten, die heute noch immer weiter bestehen, befreien. Und er kam auch, um uns zu vereinen, damit wir gemeinsam gegen diese Ungerechtigkeiten kämpfen ... Denn wir leben immer noch so, immer mit dem Fuß eines Reichen auf dem Genick. Und wie sehen uns die Reichen denn an? Von oben herab. Darum müssen wir uns zusammenschließen, wir müssen alle wie ein einziger Revolutionär sein. Wie Christus. Christus war der größte Revolutionär aller Revolutionäre. Obwohl er doch Gottes Sohn war, identifizierte er sich mit den Armen. Er kam aus dem Himmel, um zur Klasse der Armen zu gehören, und obendrein gab er sein Leben für uns. Ich verstehe das so, daß wir alle für unseren Nächsten kämpfen müssen. Wie er. Uns zusammenschließen, nicht feige sein. So wird es keinen mehr ohne Wohnung geben, und selbst wenn ein Erdbeben seine Wohnung zerstört, wird er wieder eine neue haben. Und keiner wird mehr von den Reichen gedemütigt.

– Ich meine, mit diesem Weihnachtsevangelium darf sich kein Armer mehr selbst geringschätzen. Ich glaube, ein Armer ist viel wichtiger als ein Reicher. Christus hält zu uns, zu den Armen. Ich glaube, für Gott sind wir viel wichtiger. Für die Reichen nicht, für die sind wir nur gut, um für sie zu arbeiten.

– Ich glaube, mit diesem Evangelium zeigt Gott uns auch, wie wenig wert wir für die Reichen sind. Für sie sind wir überhaupt nichts wert. Wir existieren gar nicht für sie. Hier sehen wir, wie sie auch seinen Sohn so behandelten. Nicht einmal ein Feldbett oder eine Hängematte gaben sie ihm zum Schlafen.

– Jesus konnte dort in Betlehem nicht im Hotel zur Welt kommen, weil er arm war, und aus diesem gleichen Grund wird er auch heute noch überall zurückgewiesen. Denn die Armen werden immer überall zurückgewiesen. In diesem System, meine ich.

– Aber an diesem Weihnachtsfest ist ganz Managua ohne Herberge, wie damals Jesus in Bethlehem. Und sie haben in diesem Jahr keine Festessen, wie es auch bei der Geburt Jesu keine Festessen gab. Darum glaube ich, daß diese Weihnacht viel christlicher ist. Und vielleicht rüttelt sie die Gewissen so wach, daß nächstes Jahr alle eine Wohnung haben und daß sich alle freuen und keiner zurückgewiesen wird.

Zum Schluß sprechen alle davon, für Managua zu sammeln. Die einen wollen Mais geben, die anderen Reis oder Bohnen.

Félix fragt mich, ob ich morgen nach Managua führe.

Ich sage, ich wolle es versuchen (auch ich weiß nichts von meiner Familie), obwohl ich nicht weiß, ob es überhaupt Transportmittel gibt.

Und wenn es keine Transportmittel gibt, dann gehen wir eben zu Fuß.

Deutsch von Anneliese Schwarzer de Ruiz

Gedichte und poetische Meditationen

Epistel an Monsignore Casaldáliga

Monsignore,
ich las, daß bei einer Haussuchung der Militärpolizei
in der Prälatur von Sâo Félix unter anderem
auch die portugiesische Übersetzung der »Psalmen«
von Ernesto Cardenal beschlagnahmt wurde (ich wußte
nicht, daß es eine gab). Und
daß man allen Verhafteten Elektroden
für die Psalmen gab, die viele vielleicht gar nicht gelesen hatten.
Ich habe für sie gelitten, für sie und so viele andere
in »den Netzen des Todes« ... in »den Schlingen des Abgrunds«.
Meine Brüder, meine Schwestern
mit dem Stachel an den Brüsten, mit dem Stachel am Penis.
Ich kann Ihnen nur dies sagen:
Diese Psalmen wurden auch hier verboten
und Somoza sagte vor kurzem in einer Rede,
er würde den »Obskurantismus« von Solentiname ausrotten.

Ich habe ein Foto von Ihnen gesehen, an den Ufern des Araguaia,
am Tag Ihrer Bischofsweihe, mit Ihrer Mitra, die,
wie wir alle wissen, ein Strohhut ist,
und Ihrem Bischofsstab, einem Ruder vom Amazonas.
Und ich habe erfahren,
daß Sie jetzt auf das Urteil des Militärgerichts warten.
Ich stelle mir vor, wie Sie warten, lächelnd wie auf dem Foto (nicht
in die Kamera, sondern allem Kommenden zu),
in der Stunde, in der die Wälder grüner werden

oder trauriger,
im Hintergrund die schönen Wasser des Araguaia
und die sinkende Sonne hinter fernen Latifundien.
Dort beginnt der Urwald,
»sein Schweigen wie eine Taubheit«.
Ich war einmal eine Woche am Amazonas (Leticia) und erinnere
mich
an die Bäume an den Ufern, so über und über bedeckt
mit schmarotzerischen Schlingpflanzen
wie Finanzunternehmen.

Sie hörten des Nachts seine seltsamen Geräusche
(die einen wie Klagen und andere wie Gelächter).
Jaguar hinter Tapir, Tapir schreckt Affen auf, Affen.
scheuchen ...
Guacamayas?
(dies ist eine Seite von Humboldt)
wie eine Klassengesellschaft.

An den Nachmittagen eine Melancholie war die der Gefängnishöfe.
Feuchtigkeit liegt in der Luft und ein Geruch wie nach DEOPS ...
Vielleicht weht ein trauriger Wind von Nordost,
vom traurigen Nordosten ...
Es gibt einen Frosch in den schwarzen Igarapés
(habe ich gelesen), einen Frosch der fragt: *Warrrrr-*
um? Warrrrr-
um?
Vielleicht springt ein Tucunaré-Fisch auf. Erhebt sich zum Flug
ein Reiher, grazil
wie Miss Brasilien.
Trotz der Gesellschaften, trotz der Finanzunternehmen.
Die Schönheit dieser Ufer
ein Präludium der Gesellschaft, die wir einst haben werden.
Die wir haben werden! Sie können nicht, auch wenn sie es versu-
chen,
einen ganzen Planeten aus dem Himmelssystem nehmen.

Schleicht dort die Anaconda umher? Lauert
die Kennecott?
Dort wie hier lebt das Volk in Angst.

Die Laien, schrieben Sie einmal,
»in den Wäldern wie Jaguare, wie Vögel«.
Ich habe den Namen eines Jungen erfahren (Chico)
und den Namen eines Mädchens (Rosa).

Der Stamm zieht flußaufwärts.
Es kommen die Unternehmen und errichten Zäune. Den Himmel
vom Mato Grosso durchkreuzen die Sportflugzeuge der Großgrundbesitzer,
die Sie nicht einladen zum großen Churrasco mit dem Innenminister.

Die Gesellschaften säen Einsamkeit.
Sie bringen den Telegrafen, um falsche Nachrichten zu verbreiten,
Transistoren für die Armen, Lügen in die Ohren.
Verboten die Wahrheit, denn sie macht frei.
Einsamkeit und Trennung und spitze Stacheln.
Sie sind ein Dichter und schreiben Metaphern. Aber Sie schrieben auch:
»Die Sklaverei ist keine Metapher«.

Und sie dringen vor bis zum hohen Xingú,
die Jäger von wucherischen Bankkonzessionen.
Das Weinen in dieser Gegend wie der amazonische Regen.
Die Militärpolizei sagte zu Ihnen,
die Kirche solle sich nur um die »Seelen« kümmern.
Und die blutarmen Kinder, Produkt der Aktiengesellschaften?

Vielleicht ist es dunkle Nacht in der Prälatur von Sâo Félix.
Sie allein im Missionshaus, umgeben von Urwald,
dem Urwald, durch den die Konzerne schleichen. Es ist

die Stunde der Spione der DEOPS und der Banditen der Bankunternehmen.
Klopft ein Freund an die Tür oder ist es die Todesschwadron?
Ich stelle mir einen Mond vor (wenn er scheint),
einen melancholischen Mond von Amazonien,
sein Licht erleuchtet Privatbesitz.
Großgrundbesitz nicht zum bebauen, damit wir uns richtig verstehen,
sondern nur, damit der *posseiero* nicht seine kleine Farm errichtet.

Dunkle Nacht. – »Bruder, sind wir noch weit von
Paranará?« – »Wir wissen es auch nicht, Bruder.
Wir wissen nicht, ob wir nah sind oder weit
oder ob wir schon vorbeifuhren. Aber laßt uns rudern, Bruder.«

Dunkle Nacht. Es leuchten
die Lichter der Enterbten an den Ufern.
Ihr weinerlicher Widerschein.
Weit, sehr weit lachen die Lichter von Rio de Janeiro
und die Lichter von Brasilia.

Wie sollen sie *die Erde besitzen,* wenn die Erde den Großgrundbesitzern gehört?
Unproduktiv, nur bewertet für die Immobiliarspekulation und die dicken Anleihen der brasilianischen Staatsbank.
Dort wird Er immer wieder verkauft für dreißig Dollar,
am Fluß das Mortes.

Der Preis eines Tagelöhners. Und trotzdem
zweitausend Jahre Inflation.

Dunkle Nacht. Irgendwo ein bescheidener Lichtschein (den genauen Ort kenne ich nicht).
Eine Leprastation am Amazonas.
Dort stehen die Aussätzigen am Kai
und warten auf die Rückkehr des Che.

Ich habe gesehen, daß Sie mein Buch »Für die Indianer Amerikas« erwähnten.
Es wundert mich, daß es so weit reiste, bis zum hohen Xingú,
wo Sie, Monsignore, sie verteidigen. Eine bessere Ehrung!
Ich denke an die Pataxó, mit Pockenviren geimpft.
Von 10000 Cintas-largas blieben 500.
Den Tapaiama schenkte man Zuckerstückchen mit Arsenik.
Ein anderer Stamm vom Mato Grosso in die Luft gesprengt von einer Cessna aus.

Es ertönt nicht mehr der heisere Mangeré, der zu den Tänzen
an den Mond ruft;
die Tänzer verkleidet als Schmetterlinge, die mystische Koka kauend,
nackt die Mädchen, bemalt mit den symbolischen Figuren
der Haut der Boa. Samengefüllte Schellen an den Fesseln
tanzen sie um den Baum des Lebens (die Pifayo-Palme).

Eine Kette von Rhomben stellt die Schlange dar, und innen
in jedem Rhombus neue Rauten, jede einzelne eine weitere Schlange.
So daß viele Schlangen in dem Körper einer einzigen vereint sind:
Die kommunale Organisation vieler Individuen. Vielheit
in der Einheit.

Am Anfang war nur Wasser und Himmel.
Alles war leer, alles war große Nacht.
Später schuf er Berge, Flüsse. Er sagte: »Nun ist alles da.«
Die Flüsse nannten sich gegenseitig beim Namen.
Die Menschen waren früher Choro-Affen.
Die Erde hat die Form des Brotfruchtbaums.
Da gab es eine Leiter, um in den Himmel zu steigen.

Kolumbus fand sie in Kuba, in einem Paradies, in dem alles allen gehörte.
»Die Erde allen gemeinsam wie die Sonne und das Wasser, ohne *meum et tuum*.«

Sie schenkten einem ein Stück Stoff und, in gleiche Stücke zerschnitten,
verteilte er es unter dem ganzen Stamm.

Kein einziger Stamm Amerikas mit Privatbesitz, so viel ich weiß.
Die Weißen brachten das Geld.
die privatistische Geldbewertung aller Dinge.
(Schreie ... das Knistern einer Hütte in Flammen ... Schüsse)

Von 19000 Muducuras noch 1200. Von 4000 Carajás noch 400.
Die Tapalumas: vollkommen.
Die private Aneignung von Eden
oder der Grünen Hölle.
Wie ein Jesuit schrieb:
»Der Durst nach Blut ist größer als der Fluß«.

Eine neue Ordnung. Oder besser
ein neuer Himmel und eine neue Erde.
Ein neues Jerusalem.
Weder New York noch Brasilia.
Leidenschaftlicher Wunsch nach Veränderung: die Sehnsucht
nach dieser Stadt. Eine geliebte Gemeinde.
Wir sind Fremde in der Stadt des Konsums.
Der neue Mensch und nicht das neue Oldsmobile.

Die Idole sind Idealismus. Während die Propheten
sich zum dialektischen Materialismus bekannten.
Idealismus: Miss Brasilien auf dem Bildschirm, um
die 100000 Prostituierten in den Straßen von Sâo Paulo zu verdecken.
Und in dem futuristischen Brasilia
richten altersschwache Marschälle
von ihren Schreibtischen aus schöne Jünglinge hin, per Telefon,
und rotten den fröhlichen Stamm mit einem Telegramm aus.
Zitternd, rheumatisch und arthritisch, leichenhaft,
bewacht von dicken Gangstern mit dunklen Brillen.

Heute morgen kam die Termite in meine Hütte, dort wo die Bücher sind (Fanon, Freire ...
auch Plato): eine perfekte Gesellschaft,
doch ohne irgendeine Veränderung,
Millionen von Jahren ohne eine Veränderung.
Vor kurzem fragte mich ein Journalist, warum ich Gedichte schriebe:
Aus dem gleichen Grunde wie Amos, Nahum, Haggai, Jeremia ...
Sie, Monsignore, haben geschrieben: »Verdammt der Privatbesitz«.
Und der heilige Basilius: »Herren der gemeinsamen Güter,
weil sie die ersten waren, die sie sich nahmen.«
Für die Kommunisten existiert Gott nicht, sondern die Gerechtigkeit.
Für die Christen existiert Gott nicht ohne die Gerechtigkeit.
Monsignore, wir sind subversiv,
eine geheime Nummer auf einer Karte in Gott weiß welchem Archiv,
Nachfolger des schlechtgekleideten Proletariers und Visionärs, des
professionellen Aufwieglers, hingerichtet als Feind des Systems.
Wie Sie wissen, war es eine Folter für die Subversiven,
das Kreuz, für die Politischen, und nicht ein Schmuckstück aus Rubinen
auf der Brust eines Bischofs.

Das Profane existiert nicht mehr.
Er ist nicht jenseits der atmosphärischen Himmel.
Was macht es, Monsignore, wenn die Militärpolizei oder die CIA
uns in Nahrung für die Bakterien verwandelt
und uns im ganzen Universum verstreut?
Pilatus schrieb das Schild in 4 Sprachen:
SUBVERSIV.

Einen verhafteten sie beim Bäcker.
Einen anderen an der Bushaltestelle, auf dem Weg zur Arbeit.
Ein Junge mit langen Haaren fällt auf einer Straße in São Paulo.

Es gibt die Auferstehung des Fleisches. Wenn nicht,
wie könnte es eine permanente Revolution geben?

Eines Tages brachte »El Tiempo« von Bogotá jubelnd die Nachricht
(wir hörten es selbst in Solentiname): CAMILO TORRES TOT
riesige schwarze Buchstaben
und ist doch lebendiger denn je,
eine Herausforderung für »El Tiempo«.
Wie auch jener Leitartikel der »New York Times«,
wörtlich: »Wenn es stimmt, daß er (Che Guevara) in Bolivien starb,
wie es scheint, so starb ein Mythos zusammen mit einem Menschen.«

Und in Brasilia sagen sie:
»Seht nicht für uns wahre Visionen, sagt uns
Angenehmes, betrachtet Illusionen.«
Das brasilianische Wirtschaftswunder
eines Hilton umgeben von Favelas.
Die Preise für die Dinge steigen
der Preis für die Menschen fällt.
Arbeitskraft so billig wie möglich (für sie gibt es
keine Hygiene, keine Sinfonien von Beethoven).
Und im Nordosten fressen die Mägen sich selber auf.
Ja, Julião, das Kapital vermehrt sich wie Bazillen.
Kapitalismus, die gehäufte Sünde, wie die Luftverschmutzung
von São Paulo,
die whiskyfarbene Dunstglocke über São Paulo.
Ihr Eckstein ist die Ungleichheit.
Am Amazonas traf ich einen berühmten Mike
der Piranhas nach USA exportierte.

Und er konnte immer nur zwei in einem Aquarium schicken,
damit die eine immer vor der anderen flöhe:
wären es drei oder mehr, brächten sich alle gegenseitig um.
So dieses brasilianische Modell der Piranhas.

Massenproduktion von Elend, Verbrechen
in Industriemengen. Tod
vom Fließband.

Mario-Japa bat um Wasser im *pau-de-arara*
und sie zwangen ihn, ein Pfund Salz zu essen.
Ohne Information, wegen der Zensur. Wir wissen nur:
Dort wo die Hubschrauber kreisen ist der Leib Christi.

Von der Gewalt würde ich sagen:
Es gibt die Gewalt der Evolution
und die Gewalt, die die Evolution aufhält.
(Und eine Liebe, die stärker ist als die DEOPS und die Todesschwadron)
Doch
Sadismus und Masochismus bedeutet die Harmonie der Klassen
Sadismus und Masochismus von Unterdrückern und Unterdrückten.
Doch auch die Liebe ist unerbittlich (wie die DEOPS).

Die Sehnsucht nach Einheit kann einen in den *pau-de-arara* bringen, zu
Gewehrkolbenschlägen auf den Kopf, Kinnhaken mit verbundenen
Fäusten, Elektroden.
Viele wurden wegen dieser Liebe kastriert.
Man spürt die Einsamkeit, nur Individuen zu sein.
Vielleicht wurden Sie, während ich schreibe, schon verurteilt.
Vielleicht werde ich später verhaftet.
Prophet, dort wo der Araguaia und der Xingú sich vereinen
und auch Dichter,
sind Sie die Stimme derer, die ein Heftpflaster auf dem Mund haben.
Jetzt ist nicht die Zeit für Literaturkritik
noch für surrealistische Gedichte gegen Militärdiktaturen.

Und wozu Metaphern, wenn die Sklaverei keine Metapher ist
und keine Metapher der Tod im Fluß *das Mortes*
und auch nicht die Todesschwadron?

Jetzt weint das Volk im *pau-de-arara*.

Doch jeder Hahn, der des Nachts in Brasilien kräht
ist jetzt subversiv,
er singt: »Revoluciâo«.
Und subversiv ist nach jeder Nacht,
wie ein Mädchen das Flugblätter verteilt oder Che-Guevara-Plakate,
jedes rote Morgenrot.

Grüße an die *posseieros*, an die Tagelöhner, an die Laien im Urwald,
an den Häuptling der Tapurapés, an die kleinen Schwestern von Foucauld, an Chico, an Rosa.

Es umarmt Sie Ernesto Cardenal

Deutsch von Anneliese Schwarzer de Ruiz

Verdichtungen und Vision von San José de Costa Rica

Dort oben rufen die Sterne
und laden uns ein zum Erwachen, zur Evolution
zum Aufbruch in den Kosmos.
Sie wurden gezeugt von Druck und von Wärme.
Wie fröhlich erleuchtete Straßen
oder Städte, die man nachts aus dem Flugzeug erblickt.
Die Liebe, die die Sterne entzündete ...
Das Universum besteht aus Vereinigung.
Das Universum ist Verdichtung.
Verdichtung ist Vereinigung und Wärme (Liebe)
Das Universum ist Liebe.
Ein Elektron will nie allein sein.
Verdichtung und Vereinigung, das sind die Sterne.
Das Gesetz von der Schwerkraft
che move il sole e l'altre stelle
ist die Anziehungskraft zwischen den Körpern, und die Anziehung
wird stärker je näher die Körper sich kommen.
Die Anziehungskraft der chaotischen Materie.
Jedes einzelne Molekül
zieht alle anderen Moleküle des Universums an.
Die geradeste Linie ist die Kurve.
Nur die Liebe ist revolutionär.
Der Haß ist immer reaktionär.
Wärme ist eine Bewegung (Agitation) der Moleküle
wie die Liebe Bewegung ist (und die Liebe Wärme)
Ein Elektron will immer zu einer vollständigen Gruppe oder Untergruppe gehören.

Alle Materie ist Anziehung.
Die Elektronen des Atoms drehen sich in elliptischen Bahnen
wie in elliptischen Bahnen die Planeten sich drehn
(und auch die Liebe bewegt sich in eliptischen Bahnen)
Jedes einzelne Molekül der Erde
zieht den Mond, die Sonne und die Sterne an.
Ein Regen fiel in der Nacht, und die Kröten singen
unter dem Mond, sie singen für die Weibchen, sie zur
Liebe rufend.
Und es vereinen sich die liebenden Atome
bis so viele Atome beisammen sind
daß sie anfangen zu leuchten und ein Stern sind.
(Und was geschieht im Liebesakt? Wie entsteht neues Leben?)
Und von ihnen kam der Tanz.
Zwischen Stalaktiten und Stalagmiten (letzte Galerie)
bespringt ein Auerochs, geformt aus dem gleichen Lehm wie die
Höhle
ein Weibchen, geformt aus dem gleichen Lehm.
Und auf dem Boden Spuren, im Lehm Pflanzen und Füße
von Jünglingen der Eiszeit, die tanzten
und tanzten vor den zwei Auerochsen.
Der Tanz gelernt von den Sternen.

Sonntagabend und in Wall Street wirbelt ein schmutziger Wind
alte Zeitungen über die leere Straße. Wall Street mit Sternen
gespensterhaft und leer. Dunkel die Fenster der Banken
doch nicht alle. Einige Reihen erleuchtet
in der schwarzen Masse. Man kann sie erkennen:
die Auslandsabteilungen der großen Banken.
Die Eisentüren verschlossen mit Schlössern und Stangen.
Doch durch den Hintereingang traten Gestalten
in die Auslandsabteilungen der Banken. Die Lichter
geheime Versammlungen
Entscheidungen, von denen wir nichs wissen (und wie die Aktien
steigt der Rauch ihrer Havannazigarren) die uns aber alle be-
treffen.

Ein Aufstand in Malaya wegen der Abwertung der Währung,
verbrannte Busse
Blut fließt in den Straßen wie das Wasser eines Hydranten.
Zur gleichen Stunde, in der die Sterne glänzen über Wall Street
und zur Stunde, in der in London die Banken öffnen.

Die Materie zieht die Materie an
und in dem Maße, in dem sich die Verdichtung verstärkt
wächst ihre Anziehungskraft. Unter gleichen Bedingungen
übt eine Verdichtung von zwei Millionen Meilen im Durchmesser
die doppelte Anziehung aus wie eine von einer Million.
Je größer die Verdichtung, desto größer ihre Möglichkeit
zu wachsen und kleine Verdichtungen zu vereinen.
Nehmen wir nun an, eine riesige Masse gleichförmigen Gases
dehne im Weltraum sich aus über Millionen und Millionen von
Meilen
in alle Richtungen: jede kleine Veränderung
ihrer Gleichförmigkeit ist imstande, Verdichtungen auf
Verdichtungen jedes vorstellbaren Ausmaßes auszulösen.

Der Kapitalismus wird vergehen. Ihr werdet keine
Wertpapierbörse mehr sehen.
So sicher wie der Frühling dem Winter folgt ...
Meine Vision von San José de Costa Rica.
Und wenn der letzte bezwungene Feind der Tod ist
wird vorher der Egoismus vergehen.
So verschieden vom heutigen Menschen wie dieser
vom Sinanthropus verschieden ist.
Wettbewerb verhindert Zusammenarbeit.
Trennung herrscht zwischen Mensch und Mensch.
Eine zerbrochene Menschheit.
Der erste Fisch
erstickte. Der erste Fisch, der an Land kam
war wie der Che.
Doch andere folgten ihm später.

Jeder würde denken, daß eine kleine Störung
die nur eine kleine Masse von Gas berührt
eine Verdichtung von geringem Ausmaß hervorriefe.
Doch die Schwerkraft selbst des allerkleinsten Körpers
wirkt sich im ganzen Universum aus. Der Mond
erzeugt Ebbe und Flut auf der Erde und auf den entferntesten Sternen.
Wirft ein Kind sein Spielzeug zur Erde
verwirrt es die Bewegung aller Sterne im Weltall.
Solange die Schwerkraft besteht, kann keine
Störung begrenzt bleiben
auf einen kleineren Umkreis als die Gesamtheit des Weltraums.

»Der Versuch, im Sturmangriff den Himmel zu nehmen« sagte Lenin
kein geringerer als Lenin (die Pariser Kommune)
gemeinsam und persönlich, ohne Klassen und Staat.
Ein neuer Mensch wie neue Chromosomen.
Wie einfach: produzieren und verteilen was wir brauchen
auf diesem Himmelskörper
(Die Ökonomie ist nicht kompliziert)

Je heftiger die Störung
um so stärker die Verdichtung
doch selbst die unbedeutendste entwickelt
Verdichtungen, wenn auch nur schwacher Intensität.
Und wir sahen bereits, daß das Schicksal einer Verdichtung
nicht von ihrer Intensität, sondern von ihrer Masse bestimmt wird.
So schwach ihre ursprüngliche Intensität auch war
werden die großen Verdichtungen größer
und größer, während die kleinen verschwinden, verschluckt
von den größeren. Und am Ende bleibt nichts als eine Sammlung
unendlicher Verdichtungen. So auch die Phänomene, die wir
Sozialisierungen nennen, und so auch
die Revolution.

Das Univerum ist homogen. Die Sternfragmente
im geologischen Museum von South Kensington
beweisen, daß sie vom gleichen Fleische sind wie wir.
(Auch wir sind Stern)
»Himmlisches Fleisch«, sagte Rubén.
Und wir sind auch Kinder der Sonne
(die Wärme unseres Blutes ist Sonnenwärme)
Gezeugt von den Sternen.
»Mein Mädchen, ich bin glücklich in den Bergen
denn ich kämpfe den Kampf meines Volkes«.
Und der Kampf währt schon zwanzigtausend Millionen von Jahren.
Doch: »Die Revolution endet nicht in dieser Welt«
wenn wir den Tod nicht bezwingen
wird für immer herrschen der Status quo
der Status quo ist der Tod.

Und meine Vision in San José de Costa Rica, nun will ich
von meiner Vision erzählen – in einem Taxi eines Abends
als ich im Flugzeug zu einem Schriftstellerkongreß kam.
Dies war meine Vision: Neonreklamen, Apotheken, Autos
Jungen auf Motorrädern, Tankstellen, Bars, Menschen in den Straßen
kleine Mädchen in Schuluniformen, Arbeiter die beisammen stehn.
Und ich sah, wie alles geordnet war von der Liebe.
Die Farbe eines Pullovers sprach mir von Liebe
Liebe war der Treibstoff der Motoren und zündete diese Lichter an – alle.
Die modischen Kleider der Mädchen, was waren sie andres als Liebe
die Kinder auf den Straßen, vereint von der Liebe
und gepflanzt von der Liebe die rotblühenden Bäume
ein Junge mit langen Haaren – langhaarig aus Liebe
eine Reklame: IMPERIAL. Wer weiß was das ist, doch bestimmt
irgend etwas zum Teilen, zum Schenken.

Eine Telefonkabine, und jemand der anruft aus Liebe
Mutter und Kind auf der Straße, eine andere Liebe
ein engumschlungenes Pärchen, und wieder Liebe,
eine schwangere Frau, durchtränkt von Liebe.
Mein Taxi fährt weiter. Zwei an einer Ecke, der eine erzählt etwas (sicher Freunde)
Und ich denke:
Ein herrliches Tier ist der Mensch.
Gebratene Hähnchen, Konditorei ... auch dies ist Liebe.
Einer hat es eilig. Wohin geht er? Zu einem Treffen
zu einer Feier, in ein Haus, wo er liebt.
Ein anderer trägt ein Brot. Für sich und andere. Kommunion.
Hellerleuchtete Restaurants: auch sie für ein Treffen
PILSENBIER: es kündet von Vereinigung, Versammlung
COCA COLA
(dieses Scheißzeug) doch heute buchstabiert die Reklame:
KOMMUNION

Eine herrliche Gattung, wie ich sie liebe
alle geschaffen im Liebesakt
alle geboren zur Liebe.
Und ich verstand, daß es schön ist für andere zu sterben.
Dies war meine Vision an einem Abend in San José de Costa Rica.
Noch stöhnte die ganze Schöpfung in den kommerziellen Reklamen
vor Schmerz über die Ausbeutung des Menschen durch den Menschen.
Die ganze Schöpfung
forderte, forderte schreiend
die Revolution.

Deutsch von Anneliese Schwarzer de Ruiz

Genesis

Ein Gespenst, nichts sonst existierte.
Der Vater faßte eine Schimäre, nahm etwas Geheimnisvolles.
Nichts gab es. Durch einen Traum hielt der Vater *Nainuema* (der etwas hat, das es nicht gibt)
die Schimäre fest und dachte bei sich nach.
Keinen Baum gab es, um sie festzubinden:
mit einem geträumten Faden band er die Schimäre durch seinen Hauch.
Er suchte den Grund der reinen Schimäre,
doch nichts gab es dort.
»Etwas Leeres knüpfe ich fest.« Nichts gab es dort.
Dann suchte der Vater weiter,
er tastete den Grund dieses Dings und suchte den leeren und trügerischen Ort.
Der Vater band das Leere mit dem geträumten Faden.
Er verklebte ihn mit dem magischen Leim *azebeika*.
Er befestigte ihn mit einem neuen magischen Traum *Kseike* (Tabakrauch oder Baumwollflocke).
Er nahm den täuschenden Grund und trat ihn verschiedene Male.
Und er setzte sich auf die geträumte flache Erde und ebnete sie, fest auf sie tretend.
Er hatte die schimärische Erde in seinem Besitz.
Dann spie er seinen Speichel (die Wasser).
Er setzte sich auf diese gedachte Erde
und stellte den Himmel über sie: den blauen Himmel und den weißen Himmel.
Danach machte er *Rafuema* (»den, der die Erzählungen hat«)

in der unterirdischen Welt, nach langen Meditationen, diesen Bericht
damit wir ihn hinauf auf die Erde nähmen.
Später wurden auf der Erde die großen Bäume des Urwalds geboren,
und die Palme Canaguche trug Früchte, damit wir zu trinken hätten.
Im Wasser des Vaters wuchsen alle die Bäume und Kletterpflanzen,
Er allein schuf die Zikade,
auch den Choruko-Affen, damit er von den Bäumen fräße,
den Mais-Affen, der die Früchte öffnet,
den Tapir, der auf der Erde die Früchte frißt,
die großen Wildschweine, den Guara, den Borugo, damit sie im Urwald fräßen
und alle Tiere und den Tintín,
er allein schuf sie.
Er schuf das Armadill, das mit einem Panzer auf der Schulter geboren wird,
er schuf das Riesenarmadill
und alle die Tiere wie den Fischotter, der die Fische frißt
und den kleinen Biber.
Er machte alle die Tiere wie den Hirsch und den Chonta-Hirsch
und den großen Ameisenbär
und schickte den kleinen Ameisenbär.
In den Lüften schuf er den Königsadler, der die Chorucos frißt,
er schuf den Sidyi, den Picón, den Kuyodo-Papagei,
den roten Arara und alle die Vögel, das Rebhuhn,
die Puter Eifoke und Ferebeke, den Bakits, den Chilanga, den Geier und den Adler.
Er schuf alle die Vögel:
den Pico, die Sidyi-Vögel, den Hokomaike, den Kranich,
die Schwalbe, den Patilico, den Sarek-Papagei,
den Termitenfresser, den Burro, den grünen Arara,
den Kuikudyo, die Tauben Ukugi und Fuikango, den Siva und den Tudyagi.

Er schuf den Zeckenfresser und die Mariana, die es heute versteht,
Fische zu fangen,
die Stinkente, den Kuhvogel, die Eule,
die Fledermaus, den Kolibri, den Dyivuise,
den Siada, den Hirina und die Himegisinyos.
Er schuf die kleinen und die großen Frösche, die heute im Wasser
leben.

Deutsch von Anneliese Schwarzer de Ruiz

Die Nacht

Die finstere Nacht der Seele (oder Nichts!)
die Nacht ohne Mond oder manchmal mit
im inneren Vakuum: die Aktiengesellschaft.
Vollkommenes Vakuum, um *alles* zu besitzen.
Finstere Nacht der Küsse; man sieht das Licht
wie einen Nebel in dieser Nacht.
In Schlaf und Vergessen ohne zu wissen wie,
Geschmack der Liebe, ohne zu erkennen und zu verstehen.
Nacht. Das Nachtmahl, das wiederholt wird, das fesselt.

Und du, was möchtest denn du? Du-Pont-Aktie?
Einen Tanz mit Miß Brasilien oder Miß Schweden?
Im wunderbar luxuriös-bequemen Ford 67
Ford Galaxie Xl feuerrot
nachts die Lichter der großen Stadt als Hintergrund
und Sie und Er lehnen an die Karosserie
Er im schwarzen Smoking und Sie mit Orchidee
(sein Dessin ist eindrucksvoll, neu ... clever und elegant
Besuchen Sie Ihren Ford-Vertreter)?
Oder der gelbe Pontiac auf dem grünen Rasen
und neben ihm das ewige Picknick
und Sie mit karierter Bluse auf dem Deck einer Jacht
schwarze Brille und sonniges Lächeln
Haare im Wind und blaugrün das Wasser?
Aber weißt du, daß es Sie gar nicht gibt? Es gibt Sie nicht.
Geschminkte Dirne. Publizität!

Oder der Jet-Clipper der Panamerican schneeweiß im blauen Himmel.
Das Königsschloß (chromfarben) in den bayrischen Alpen.
Oder mit Palmen im Vordergrund der Strand von Tahiti.
Und der Ort, den du in Träumen gesehen
und den zu besuchen du nie auch nur hoffen konntest?
»Beraten Sie sich mit Ihrem Reisefachmann.«
Oder der Ausflug an einen Strand Kaliforniens
und Sie und Er sehr glücklich am Meer
den Picknickkorb tragend.
Geschminkte Dirne! Es gibt Sie nicht.

Eine Du-Pont-Aktie? Warum nicht Du-Pont-Direktor sein?
Dein Haus dann mit 14 Gärten und Du-Pont-Schwammtöter
14-Zimmer-Haus voller Antiquitäten (Villa in Georgien)
Ferien in Honolulu. Riviera.
Hobbies: Lachsfischen in Schottland, Safari in Afrika
Pokale, von Pferden und Hunden gewonnen.
Dein Du Pont erfand das Nylon
zuvor das Cellophan
doch ganz zuvor wurde er mit Schießpulver reich
(40 Prozent des Schießpulvers der Alliierten im 1. Weltkrieg)
und über uns allezeit die Düsenflugzeuge voll Bomben
Maschinen, die mit andern Maschinen sprechen
klimatisierte Häuser für Hunde
im Fernsehapparat der ermordete Präsident
Säuglinge, von Napalm-Bomben getötet.
Und die ausdruckslosen Gesichter der U-Bahn, ausdruckslos geworden durch die Schrecken der Büros
durch den täglichen Schreck im Radio, in der Television.
Eine Bombe in Argelien.
Und nachts zuweilen und tief in der Seele
auch wenn wir's nicht eingestehen, sehen wir Dracula.
»Charakterunvereinbarkeit«
Unvereinbarkeit der Liebe.
Und die kommerziellen Reklamen preisen die Frau an.

Und in jeder Nacht, während wir schlafen, kreisen die Düsenflugzeuge
kreist Superman im nächtlichen Himmel
und man sagt uns, die Bomben sind da, um nicht mehr gebraucht zu werden.

Und du kaufst das Produkt, das du kaufen mußt
denkst, wie man dir sagt, daß du denken sollst
antwortest auf alle Umfragen
und hörst die Schallplattenstimme
die Stimme des Radios, die dir befiehlt.
Werden wir rebellieren? Werden wir Fenster einschlagen?
Sollen wir Pflastersteine in die Schaufenster werfen?
Können wir uns auf diese Weise befreien?
Wie Halbstarke im gestohlenen Wagen
auf Autobahnen, von Reklamen flankiert
(sie glauben an alle Reklamen, die sie lesen, sie glauben an Marken und lieben die neuesten Wagen)?
Lieber wie die Heiligen Beatniks
Zen Cool Jazz Bärte Sandalen
stets mit Auto-Stopp unterwegs in neue Städte
ohne Ideologie, auf denen ihr Kopf ausruhen kann
Müllsammler, Schneeschaufler – die freiwillige Armut.
Arm inmitten des Wohlstands.
Um Almosen bitten mit einer Gitarre an der Insurgentes [1]
oder einen Liter Blut für ein Mittagessen verkaufen.
Und Zeitungen haben sie nicht und sehen kein Fernsehen an
gehören zu keiner politischen Partei.
Die Füchse und Herodesse haben ihre Höhlen
aber des Menschen Sohn hat nicht, wo er sein Haupt hinlegen könnte.
Ausgetreten sind sie aus der Zivilisation. Und noch immer
der Schreck auf ihren Gesichtern (wie einer, der im Bahnhof aus dem Expreßzug sprang ohne zu wissen wohin).

1 Straße in Mexico-City, wo gewöhnlich Beatniks anzutreffen sind.

Aber sie sind eher Frage
auch ihre Kleidung
mehr eine Frage, an die Menschen gerichtet
als Antwortet.
Und die LSD-Visionen
    sind nicht die Vision
sind eher
phantastische Neonvisionen
    – Produkte der Apotheke –
oder einem neuerfundenen Kunststoff vergleichbar.
Visionen, wie sie Gangster oder Du Pont verkaufen.
Und einsam sind sie, haltlos in ihrer Nacht
die die Nacht eines expandierenden Weltalls ist
wie jemand der in der Zeitung eine Annonce aufgibt:
»Wünsche Briefwechsel mit Fräulein von 18–23 Jahren ... Postfach ...«
oder «Wünsche Briefwechsel mit Herrn ...«
oder wie einer, der mittels elektronischer Rechenmaschine einen Briefpartner sucht
der dieselbe Sprache spricht und den gleichen Geschmack hat.
Und glaubten sie, die Unendlichkeit geküßt zu haben
leuchtet ihren Küssen das Neonlicht der General Electric.
Schwester Josefa del Castillo y Guevara[2], die Nadaistin[3].
Oder Fernando Gonzalez[4], der zu Gonzalo Arango[5] sagte:
    »*Wähle dein Kreuz.*«
Und:
    »Wenn sie sich lossagen von der Welt, von ihrer Welt,
    ohne sich doch aus ihr zu lösen.«
Die finstere Nacht der Seele, oder Nichts.

2 Nonne aus Kolumbien (1671–1742), mystische Dichterin, von der jüngeren Generation die »himmlisch-verrückte« Nonne genannt.

3 Nadaismus: literarische Bewegung in Kolumbien. Nada bedeutet »Nichts«.

4 Prosadichter aus Kolumbien. Die Nadaisten betrachten ihn als ihren Wegbahner.

5 Dichter des Nadaismus. Gonzalo Arango ist das Haupt dieser Bewegung.

Etwas wie im Dunkeln bleiben und ohne etwas.
Dunkle Nacht der Küsse. Geliebter, Geliebte.
Das Licht wie Nebel in dieser Nacht. Und Nichts.
Leise Musik, aber nicht von Nylonsaiten.

Deutsch von S. Bacin/K. Marti

Tagesanbruch

Schon krähen die Hähne.
    Schon krähte dein Hahn, Mutter Natalia,
    schon krähte der deine, Vetter Justo.
Steht auf von euren Betten, euren Matten.
Mir scheint,
    auch die Heulaffen erwachten schon am anderen Ufer.
Laßt uns die Herdfeuer blasen, schüttet die Nachttöpfe aus.
Bringt eine Öllampe, damit wir unsere Gesichter sehen.
Es bellte ein Hund auf einem Rancho,
        und ein anderer antwortete ihm.
Es ist Zeit, das Feuer zu schüren, Mutter Juana.
Noch dunkler wurde die Nacht, doch darum, weil es Tag wird.
    Steh auf, Chico, steh auf, Pancho.
Es gibt ein Füllen zu reiten,
    es gibt ein Boot zu führen.
Die Träume trennten uns voneinander, auf unseren Strohsäcken
in unseren Betten und Hängematten
    (jeder einzelne mit seinem Traum),
        doch das Erwachen vereint uns.
Schon schwindet die Nacht,
    und ihre Schemen und Nachtmahre folgen ihr.
Bald werden wir das Wasser sehr blau sehen
        (jetzt sehen wir es nicht).
Und diese Erde mit ihren Obstbäumen,
    die wir auch nicht sehen.
Steh auf, Pancho Nicaragua, nimm die Machete,
es gibt viel schlechtes Gras zu schneiden,
        nimm die Machete und die Gitarre.

Es schrie eine Eule um Mitternacht und ein Uhu um eins.
Keinen Mond hatte die Nacht und keinen einzigen Stern.
Auf dieser Insel brüllten die Tiger,
und es antworteten die von der Küste.
Schon flog der Pocoyo davon, der ruft: Beschissen, Beschissen.
Bald singt der Zanate Clarinero auf der Palme,
singen wird er: Gefährtin, Gefährte.
Vor dem Licht flieht der Schatten wie ein Vampir.
Erhebt euch: du und du und du.
(Schon krähen die Hähne.)
Einen Guten Tag gebe euch Gott.

Deutsch von Anneliese Schwarzer de Ruiz

Filmstar, tot aufgefunden in der Park Avenue

Mich weckte das Gewitter
wie Umzugslärm und Möbelrücken in einem oberen Stockwerk
und danach wie Tausende von Radios
oder Untergrundbahnen
oder Bombengeschwader
und es war wie wenn alle Blitze der Welt
auf die Blitzableiter der Wolkenkratzer von New York nieder-
kämen
und von der Kathedrale St. John the Divine
zum Gebäude der Times liefen
Sprich Du nicht zu uns. Sprich Du nicht zu uns,
wir würden sterben
vom Woolworthturm bis zum Gebäude der Chrysler
die Wolkenkratzer erhellend wie Fotografen
Moses soll sprechen.
Sprich du nicht zu uns, wir würden sterben.
»Der Tod muß gestern nacht gegen 3 Uhr eingetreten sein«
stand später in der New York Times.
Ich war um die Zeit wach. Mich weckte das Gewitter.
Der Himmel bestirnt mit Apartements und Badezimmern:
die Lichter legitimer und illegitimer Liebespaare
und derer die beten oder einen Safe knacken
oder ein Mädchen vergewaltigen bei dröhnender Radiomusik
oder masturbieren oder nicht schlafen können
und derer die sich gerade ausziehen (und die Vorhänge zuziehen).
Und der Lärm der Hochbahnen von der 3. Avenue
und die Züge, die in der 125. Straße aus der Erde kommen

und von neuem untertauchen,
ein Autobus, der an einer Ecke hält und wieder anfährt
(im Regen), vielleicht der Schrei einer Frau im Park
und das Heulen der Krankenwagen in verödeten Straßen
oder die roten Feuerwehrleute, von denen wir nicht wissen, ob sie
unsere Hausnummer suchen
»... ihr Körper wurde gefunden von Max Hilton, dem Künstler,
der bei der Polizei aussagte, er habe sie auf dem Fußboden des
Badezimmers entdeckt
das Muster des Bodens eingedrückt in ihre nasse Wange
und in der Hand noch ein Fläschchen mit weißen Pillen
und in der Wohnung ein Radio auf voller Lautstärke
ohne Sender.«

Deutsch von Anneliese Schwarzer de Ruiz

Abends aber

Abends aber issest du deinen Reis und deine gebackenen Bohnen
mit frischem Joghurt und einem heißen Maisbrot
oder auch mit gerösteten Bananen
ohne Leibwächter issest du es.
Und deine Tasse Kakao mit Mais kostet kein Adjutant zuvor.
Und du spielst, wenn du willst, ein Volkslied auf deiner Gitarre
und du schläfst – doch nicht von Scheinwerfern, Stacheldrähten, Wachttürmen umgeben.

Deutsch von S. Bacin/K. Marti

Anrufe

Der erwartete Anruf kann dich erreichen.
Anruf, der dir mitteilen wird, daß deine Nummer den Preis
gewann.
Du hast die Radiofrage beantwortet. Du gewannst
die Creme-Packung, den Mixer, gewannst
die Reise nach Hawai.
Doch trotz *vollkommen garantiertem* Mixer, trotz der
phantastischen Creme die die Haut so zart wie
Samt macht
begehst du mit Schlafmitteln Selbstmord.
Oder: obwohl du gewonnen hast
trotz Radar
steigst du in eine Comet-4C-Flugmaschine mit Ziel
Los Angeles Calif., mit Ziel Honolulu –
die nachher das RB-47-Erkundungsflugzeug nicht mehr
zu finden vermag
Oder du wartest auf einen Anruf, der niemals kommt
wartest, frisch geschminkt , auf die Ankunft der Liebe
und man rief dich zwar lange schon an
doch war das die *falsche Nummer.*
Oder man ruft dich mit dem Telephon an
ruft und ruft
und dies ist deine Nummer – du aber bist nicht da
bist ausgegangen
und Sache der Polizei wird es sein, bekanntzugeben
daß dein Körper im Polizeiamt identifiziert worden ist.

Deutsch von S. Bacin/K. Marti

Die Bäuerinnen von Cúa

Ich will euch jetzt von den Schreien in Cúa erzählen
Schreie wie von Frauen in den Wehen
María Venancia, 90 Jahre, fast schon eine Leiche
schreit den Soldaten zu ich habe keine Jungen gesehen
Amanda Aguilar, 50 Jahre,
mit ihren Töchtern Petrona und Erlinda
ich habe keine Jungen gesehen
wie in Wehen
– Drei Monate eingesperrt in einer Kaserne in den Bergen –
Angela García, 25 Jahre und sieben Kinder
Cándida, 16 Jahre, stillt ein Mädchen
winzig und unterernährt
Viele hörten die Schreie von Cúa
Wimmern des Vaterlandes in Wehen

Als sie aus dem Gefängnis kam, gebar Estebana García, vier Kinder, einen Sohn. Sie mußte ihre Kinder
einem Gutsbesitzer schenken. Emelinda Hernández, 16 Jahre,
die Wangen glänzend vom Weinen
die Zöpfe naß vom Weinen ...
Gefangen in Tazua als sie von Waslala kamen
der Mais in Blüte und schon groß die Quisquisques
die Streifen drangen in die Hütten und kamen mit den Gefangenen heraus
Estaban setzten sie in einen Hubschrauber
und kamen zurück ohne ihn ...

Juan Hernández holte die Wache
eines Nachts, und er kehrte nicht zurück
In einer anderen Nacht holten sie Saturnino
und keiner sah ihn je wieder ... auch Chico González
holten sie ab
und so fast jede Nacht
zur Stunde in der die Cocorrocas rufen
Matilde abortierte im Sitzen
nachdem sie sie die ganze Nacht nach den Guerrilleros gefragt hatten
Die Cándida rief ein Soldat
komm wasch mir die Hose
aber er wollte etwas anderes
(Somoza lachte von einem Bild wie eine Alka-Seltzer-Reklame)
Es kamen noch Schlimmere auf einem Militärwagen
Drei Tage nach ihrer Abfahrt gebar Cándida ihr Kind
Dies ist die Geschichte der Schreie von Cúa
traurig wie der Gesang der Cocorrocas
die Geschichte die die Bäuerinnen von Cúa erzählen
weinend erzählen
als ob sie hinter dem Nebel ihrer Tränen ein Gefängnis sähen
und über dem Gefängnis einen Hubschrauber

»Wir wissen nichts von ihnen«
Aber sie haben sie DOCH gesehen
ihre Träume sind subversiv
bärtig, verschwommen im Nebel
schnell
überqueren sie einen Bach
verdeckt vom Mais
zielen sie
(wie Pumas)
schleichen durch den Urwald
täuschen die Wachen
kommen zur Hütte
(schmutzig und glorreich)

Cándida, Amanda, Emelinda
in ihren Träumen viele Nächte
– mit ihren Rucksäcken –
und ihren Liedern vogelfrei
María Venancia, 90 Jahre alt
sie sehen sie des Nachts in ihren Träumen
in seltsamen Bergen
viele Nächte
die Jungen.

Deutsch von Anneliese Schwarzer de Ruiz

Don Vicente

Don Vicente saß auf seiner Hazienda vom Mombacho
in einer Hängematte und schaukelte sich
als ein Bote erschien:
»Auf Befehl des Herrn Präfekten
möchten Sie sich unverzüglich in der Präfektur einfinden.«
Und er fuhr, schlechter Laune, nach Granada.
»Warum rufen sie mich mit solcher Eile?
Ich habe pünktlich meine Steuern bezahlt
und keinerlei Verbrechen begangen.«
Ein Pfeifervogel verabschiedet ihn von einer Coyolpalme.
Eine Gongolonataube verabschiedet ihn von einem Guarumo.
In der Präfektur von Granada teilt der Gouverneur ihm mit,
daß er (Don Vicente)
die Präsidentenwahlen gewonnen habe
und ohne Aufschub nach Managua reisen müsse,
um dort Anweisungen entgegenzunehmen
bezüglich der Übernahme seines Amtes als Präsident der Republik.

Don Vicente Cuadra stieg reich auf den Präsidentenstuhl
und verließ ihn arm.
Nach den Galaempfängen
sammelte er die Kerzendochte ein im Präsidentenpalast, um am Volksvermögen zu sparen.
Und als er sein Amt antrat, war die Staatskasse leer
und als er es niederlegte, hinterließ er sie voll.

Deutsch von Anneliese Schwarzer de Ruiz

Moyogalpa

Moyogalpa in einer Mondnacht:
nur eine Welle im See
          (am Ufer)
die im Sand stirbt und glänzt unter dem Mond,
die wiedergeboren wird und stirbt und glänzt unter dem Mond.
          Der Schatten eines Bootes in der milchigen Nacht.
Und dort an jener Landzunge
ein Lichtschein auf dem Wasser:
          Boot,
          Stern oder Hütte ...
Nein, kein Boot. Ein
Stern oder eine arme Hütte.
          Stern oder Hütte?
Und das weiche Geräusch der Welle mit Mond
und das andere vom Motor des Generators.

Deutsch von Anneliese Schwarzer de Ruiz

José Dolores Estrada

(Für alle Nicaraguaner im Exil)

Er kämpfte gegen die spanische Regierung in den Straßen von
Xalteva
in der gescheiterten Aprilrebellion von 1812.
Doch dies war nicht sein Ruhm. Er war damals noch ein Junge
und die Anführer waren andere.
Später besiegte er die Yankees in der Hazienda San Jacinto.
Damals war er General. Doch war dies nicht allein sein Ruhm.
Die Soldaten und Bauern kämpften auch.
Schon alt und im Exil, weil er gegen die Wiederwahl
des Präsidenten war (sein engster Freund),
schreibt er aus Costa Rica seinen Freunden:
»Ich rode hier ein Stück Land
und will versuchen ein paar Stauden Tabak zu pflanzen.«
Und dies war sein größter Ruhm:
denn es war seine härteste Schlacht und er kämpfte allein,
ohne General noch Soldaten noch Trompeten noch Sieg.

Deutsch von Anneliese Schwarzer de Ruiz

Joaquín Artola

Ich arbeitete schon einmal auf dieser Hazienda, Patron,
damals im Krieg – sagt der Tagelöhner.
Ich war ein Junge und ich erinnere mich, wie ich eines Morgens
noch ziemlich früh, die Ebene ganz voll Nebel,
die Pferde zusammentrieb, um ihnen die Mähnen zu stutzen.
Und wie ich da mit den Pferden ankomme, höre ich Schüsse
und die Pferde hören sie auch und erschrecken
und ich schnalze ihnen zu, damit sie nicht scheuen
und die Biester laufen mir weg und ich hinterher
und es waren die Yankees, die, als sie die Herde hörten,
die Flucht ergriffen, weil sie dachten, es wäre Nachschub
und ich zu Pferde hinter der Herde und hinter den Yankees
und ich scheuche die Yankees und schreie:
Hier komme ich, Joaquín Artola!
Und hinter mir hauen die anderen mit Macheten
auf sie ein, fangen sie mit Lassos, bringen sie zu Fall.
Und Andrés Castro tötete einen mit einem Steinwurf.
Die anderen flohen die Ebene von Ostocal hinunter.
Heute komme ich hierher zurück, schon alt, und bitte um Arbeit,
  Patron
doch es ist nicht das erste Mal, daß ich hier in »San Jacinto« bin.

Deutsch von Anneliese Schwarzer de Ruiz

Reise nach New York

Mir war, als sei ich an diesem Nachmittag
noch auf meiner Insel Solentiname
und nicht am Fenster des Flugzeugs über der Bucht von New York.
Unten fast regungslose Schiffe, auch das Flugzeug langsam
der Kennedy-Airport überfüllt zu dieser Stunde
wir kreisten eine Stunde lang über New York.
Welch ein Wunder hat mich an diesem Nachmittag
über Manhattan versetzt
kreisend über Wolkenkratzern (rosig vom Abendlicht)?
Vom Nebensitz (leer) nahm ich einen *New Yorker*
»Washington erwachte in dieser Woche aus dem Watergate-Schlaf.«
Der Senator Fulbright befürchtet, in ein totalitäres System zu verfallen.
Ladies and Gentlemen: vom Kennedy-Airport noch keine Landeerlaubnis.
Zum Fenster geneigt sehe ich das Wasser in der Bucht von New York
das Flugzeug wie verankert in einer Wolke, bewegungslos.
Reklame für eine Insel – Schwimmbad, Tennis, Cottages, watersports –
The Island Company Ltd. 375. Park Avenue
Karikatur eines fetten Mannes mit Zeitung, der zu seiner Frau sagt:
»So viel Mühe und Arbeit, und die Times nennt mich nur«
»*angeblicher* Mafia-Boß.«
Ladies and Gentlemen ... jetzt sind wir vom Radar erfaßt und

steuern direkt auf den Kennedy-Airport zu, in automatischer Landung.
Fabriken, Züge, gleichförmige Vorstadthäuschen, Spielzeugautos
und dann die Landebahn. Mit hundert weiteren Flugzeugen, wie Haie.

Es erwartet mich Gerard, jung und mit Bart, der mich auf wunderbare Weise
nach New York brachte, ich soll ihn Tony nennen.
In seinem alten Wagen fahren wir nach New York, Ströme von Autos
er rief mich zu einer Sammlung für die Erdbebenopfer Managuas
und hatte keine Ahnung, wer den Flug bezahlen würde, wie er sagt
doch dann erreichte er es
Gott bringt alles in Ordnung.
Er arbeitet mit Waisen, Drogenabhängigen, armen Puertoricanern
er lebte in einem Getto und kam auf die Idee, für Managua zu sammeln.
Er hatte kein Lokal, an der Columbia scheiterte er. Als er zum Himmel blickte
sah er die Bischofskathedrale St. John the Divine und trat ein
und der Bischof sagte:
»Warum nicht?«
New Yorker Strafgefangene gaben gemalte Bilder
und rothäutige Indianer spendeten Webereien und Keramik
noch mehr Auto-, Eisenbahn-, Lastwagenströme, die Superbahnen kreuzen sich
er sei katholisch, sagt er mir, und auch Zen
früher arbeitete er in der Kathedrale St. Patrick, er konnte nicht bleiben
der gegenwärtige Kardinal ist ärger als Spellmann
an der Straße schreien Tankstellen, Drive-ins, Motels ihre Botschaft
ein Autofriedhof melancholisch in der Dämmerung
ein paar Hippies kampierten im Kloster von Gethsemani, sagt er
Jungen und Mädchen, der Abt erlaubte es ihnen

die Klöster der Vereinigten Staaten werden immer leerer
die Jugend zieht kleine Kommunen vor. Ich erzähle ihm
daß Merton einmal sagte, diese Orden würden verschwinden
und nur noch kleine Kommunen bleiben
der Himmel Smog und Reklame
quadratische Massen im Rauch
und die Kontemplativen haben fast alle, sagt Tony, eine bourgeoise Mentalität middle-class
gleichgültig gegenüber der Kriegsfrage. Und gegenüber der Revolution.

LICQUORS – DRUG-STORE

»Finden Sie New York sehr verändert?«
Ich war vor 23 Jahren hier. Und sage: »Es ist noch genauso.«
Die Reihen der Verkehrsampeln rot und grün
und die Lichter der Taxis und der Busse.
»Madison Avenue« sagt Tony. Und lachend:
»Wie seltsam: Ernesto Cardenal auf der Madison Avenue.« Und ich sehe
die abgründige Schlucht, den tiefen Engpaß der Häuser
versteckt hinter ihren Scheiben *the hidden persuaders*
sie verkaufen Automobile des Glücks, Trost in Konserven (zu 30 Cent)
– The Coca Cola Company –
wir durchqueren die Schluchten aus Glas und Billionen von Dollars.
»Jahrhundertelang aßen sie kein Fleisch; jetzt, da viele von uns
Vegetarier sind, essen sie Fleisch«, sagt er. Von einer Kreuzung aus
das Empire State
(kaum seine Grundmauern). In den Eingeweiden des Imperialismus.
»Es kommen berühmte Mönche, die Vorträge über Askese halten und
in Luxushotels wohnen.« Und dann in West Side
Cafeteria – Delicatessen – Dry Cleaning

Wir kommen zum Apartment Napoleóns, 50. und 10. Straße.
Auf dem Gehsteig Teenager, blue-jeans und blaue Augen um
Fahrräder gruppiert oder auf Stufen sitzend.
Die Klingel funktioniert nicht, aber Napoleón und Jacquie erwarteten uns.

Napoleón Chow, chinesischer und nicaraguanischer Herkunft.
Und Jacquie ist Anthropologin, auf die Türkei spezialisiert.
Das Apartment mönchisch, doch mit persischen Teppichen.
Ich rufe Laughlin in Connecticut an.
Überrascht: »Was zum Teufel machst du in New York?«
Er lacht aus Connecticut. Er kommt Samstag, um mich zu treffen
in seinem Haus im Village.
Napoleón und Jacquie treiben Yoga. An vielen Tagen fasten sie
völlig, an anderen kochen sie köstlich, chinesische,
türkische, nicaraguanische Gerichte
(»die Nahrung als Freude, als Sakrament«)
Es gibt auch eine Angorakatze, die ins Klo scheißt wie Menschen.

Dienstagabend, die Kathedrale St. John the Divine
Straße 110, öffnet ihre Pforten für die Vorstellung
ich lese mein ORAKEL ÜBER MANAGUA (über das Erdbeben)
zwischen Bildern von Strafgefangenen und Keramiken von Indianern.
Es betet ein Rabbiner, langer Bart: »Unsere Schuld
an diesen Tragödien ...« Und der Dean der Kathedrale: »Unser System
Herr, das diese Katastrophen verschärft ...« (Und ich denke: die Familie Somoza ein 40 Jahre währendes Erdbeben). Brother David
Benediktiner: »Und es ist in New York, Herr, wer hätte das gedacht
wo Du uns versammelst aus verschiedenen Ländern und Religionen
um für Managua zu beten und darüber nachzudenken
wieviel hier zerstört werden müßte.«
Dorothy Day ist krank, sie konnte nicht kommen.

Maria José und Clemencia, zwei schöne Nicaraguanerinnen
(ich kannte ihren Vater)
fragen mich nach den alten Straßen (ich lernte ihn kennen
in jener Nacht im April
in der wir den Präsidentenpalast stürmen wollten
er wurde gefoltert und ermordet).
Ich sage nur: »Ich kannte Ihren Vater.«
Im Chor Slides (in strahlenden Farben) von den Trümmern.
Corita (ex-sister Corita) gab 6 Bilder für Managua.
Daniel Berrigan erwartet mich morgen.

Central Park (up town). Und ich sage zu mir: dort sind die Schwäne.
Ich denke an meine Liana und an die Schwäne.
Sie hat geheiratet. Gewiß sind die Schwäne noch dort.
Und Louis versuchte einmal, einen Schwan zu fangen
an einem hungrigen Tag.
Noch einmal seh ich die Menschen in den Straßen
mit sich selber redend
»The Lonely Crowd«
Mit Napoleón und Jacquie in Times Square, nichts zu betrachten
und in der 48. Straße flimmernde pornographische Kinos.
Ein leerer Laden, zwei Polizisten machen Notizen
das Schaufenster in Scherben, und niemand schaut zu
(auf dem Broadway)

Mit Daniel Berrigan im Thomas Merton Center
Daniel (Dan) in Blue-jeans und Sandalen wie ich, sein Haar
wie das Haar eines Straßenjungen nach einem Kampf
und sein Lächeln wie auf den Fotos als er gefaßt wurde
vom FBI (strahlend zwischen düsteren Polizisten des FBI).
Er hat meine Psalmen im Gefängnis gelesen.
Und auch Jim Forest (Pazifist) ist da, mit einem großen Schnurrbart
aber jünger als ich dachte. Er schrieb mir einmal.

Er sagte, Merton habe ihm eine Christusfigur geschenkt, die
ich im Trappistenkloster machte.
Er kommt aus Washinton, von einem Protestmarsch
vom Watergate-Gebäude bis zum Gerichtsdepartment.
Und Berrigan sitzt auf einem Schreibtisch, das spitze Gesicht
auf einem Knie und das spärliche Haar im Gesicht. Er erholt sich
nur schlecht vom Gefängnis, sagt man mir. Und ein Mädchen:
»Die Foltern, von denen *man annimmt*, daß es sie nicht gibt
in den Vereinigten Staaten«
Dies ist eine Gruppe von Kontemplativen und Widerstandskämpfern, sagt Berrigan.
Vereint eines Nachts in einem Kloster in Harlem
beschlossen sie, dieses Merton Center zu gründen.
Sie befassen sich mit der Mystik verschiedener Religionen
auch der Religion der Indianer.
»Merton litt Qualen im Kloster«, sagt Dan
und wir alle wissen es. Und Jim erinnert uns daran
daß sie ihm verboten, gegen den nuklearen Krieg zu schreiben
weil dies kein mönchisches Thema war.
Dan: »Er sagte mir einmal, er würde nicht wieder Mönch werden
aber weil er es nun einmal sei, wolle er es auch bleiben.«
»Er wollte nach Solentiname gehen, nach seiner Asien-Reise,
nicht wahr?« fragt Jim.
Und Dan: »Bist du sicher, daß er nicht dort ist?«
Und wieder Dan:
»Es ist eine schlechte Droge, diese Kontemplation.
Sie meditieren. Ohne auch nur zu denken an den Krieg. Ohne zu denken
an den Krieg. Man kann nicht auf seiten Gottes stehen und neutral bleiben.
Die wirkliche Kontemplation ist der Widerstand. Und die Poesie.
Die Wolken zu betrachten ist Widerstand – entdeckte ich im Gefängnis.«
Ich rate ihm, er solle nach Kuba gehen. Und er: er stehe noch unter Bewährungsfrist.
Ich sage ihm auch: »In Lateinamerika

sind wir dabei, das Christentum mit dem Marxismus zu verschmelzen.«
Und er: »Ich weiß. Hier nicht.
Hier ist es das Christentum und der Buddhismus.
Jim, wir sind schon alle Buddhisten, nicht wahr?
Gibt es keinen Buddhismus in Lateinamerika?«
»Nein.«
Morgen werden sie im Merton Center
die Hochzeit seines Bruders Phillip, des anderen Priesters, feiern
mit der Ex-Nonne Elizabeth McAlister – und er lädt uns ein.
Phillip goß in Maryland Blut über die Einberufungsbefehle
danach verbrannten Phillip und Daniel die Archive in Catonsville
mit selbstgemachtem Napalm (aus Waschpulver und Benzin)
und auch Jim verbrannte mit Napalm die Archive von Milwaukee
(und sie wurden gerade aus dem Gefängnis entlassen)
Merton, sagt man, habe einmal etwas Ähnliches geplant.
Ein Mädchen fastet wegen der Bombardements in Kambodscha.
An der Wand ein Gedicht von Berrigan über Vietnam
die riesigen Blätter zusammengefügt wie ein Wandbild.
Zum Abschied gibt Dan mir ein großes Brot
ein großes, rundes Brot, selbstgebacken, aus reinem Weizen.

Mit Napoleón und Jacquie im Kino wegen eines kubanischen Films
ERINNERUNGEN AN DIE UNTERENTWICKLUNG
sie idealisieren die Revolution nicht
eingeblendet ein Dokumentarfilm – ein Schriftstellertreffen –
und ich glaube, Roque Dalton zu erkennen
Fidel während einer Rede (und ein Teil des Saals applaudiert).
Auf der Straße viele Leute in Gala: die Oper.
Tony erbte von seinem Großvater, einem italienischen Aristokraten
einen Palast in der Umgebung von Rom.
Irgendwann wird er hinfahren, um ihn zu verschenken. Er will keinen Besitz.

Und Tony hatte gesagt: »Holy Communion ...« (seine Augen glühten)
»Die Kommunion ist jeden Tag meine größtmögliche Verbindung mit den Menschen
die Kommunion ist für mich das Revolutionärste der Welt.«
Phillip Berrigan und Elizabeth McAlister
waren vom FBI angeklagt, Kissinger entführen zu wollen.
Hochzeitsfeier im Merton Center.
Kontemplative und Radikale, Pazifisten, frühere Häftlinge viele von ihnen
anarchistische Christen und buddhistische Christen
und eine Eucharistiefeier mit Protest-Songs
auf dem Fußboden sitzend
nach dem Evangelium sprechen Jim, Dan und eine junge Frau
die Blut über Nixons Eßzimmertisch goß, auf einer *tourist tour*
durch das Weiße Haus. (Die Presse schwieg.) Sie erwartet
ihre Gerichtsverhandlung, vielleicht viele Jahre Gefängnis, schwanger.
Dan Berrigan weiht ein Brot wie jenes, das er mir gab
und kleine Gläser mit Wein.
Das geteilte Brot von Hand zu Hand und der Wein.
Danach eine Kollekte ... für die mittellosen Angeklagten von Watergate
»unsere feindlichen *Brüder*«.
Und dann wird wieder gefeiert. Dan sagt: »No more religion.«
Gallonen kalifornischer Weiß- und Roséweine auf einem Tisch

Ein blonder, sehr langhaariger Junge begrüßt mich, Michael Cullen.
Er las meine Psalmen im Gefängnis, sagt er
und ich las von ihm.
Er gibt mir einen Handzettel, die er verteilt: *If Mike Cullen is deported*
Geboren auf einem Bauernhof im Süden Irlands, kam er vor 10 Jahren, nicht
um Geld zu machen. Er studierte in einem Seminar. Er heiratete,

verkaufte Versicherungen
und litt an den Wohnungen mit Ratten
an den Strömen von Blut in Indochina
er verbrannte seine Einberufungskarte. Er verbrannte
zusammen mit Jim die Musterungsarchive in Milwaukee
die 1-A-Karten um Körper zu verbrennen in Asien.
Jetzt wollen sie ihn deportieren, er glaubt, sie werden ihn deportieren
sagt er traurig
jemand steckt ihm im Vorübergehen Geld in die Tasche und sagt
»keep going«, und er lächelt (traurig).
Er sagt: »Zum Alptraum wurde unser amerikanischer Traum.«
Alle Fernsehkameras gerichtet auf Phillip und seine Frau.
»Ich glaube an die Revolution«, sagt er, »mein Beitrag ist gewaltfrei.«
Phil mit den blauen Augen. Stark wie ein Rugbyspieler
›der Gary Cooper der Kirche‹
Elizabeth, sanft: wir haben geheiratet, sagt sie, um einander zu helfen im Kampf
und wir wollen eine Kommune gründen, um anderen zu helfen im Kampf.
Dan mit seinem strahlenden Lächeln
und seinem Frieden Zen.
Am Ausgang des Doubleday Bookstores, in der 5. Straße
einige Männer und Frauen mit weißen Tuniken, die auf dem Bürgersteig tanzen
und die jungen Glatzköpfe (ganz in weiß) gleichen den Novizen der Trappisten.
In einem Schaufenster:
Nerz. Jacke aus persischem Schaf. Brosche
aus Diamanten und Rubinen ...
Ein Junge mit einem Rad auf der Brust: IMPEACH NIXON
Frauen wie aus Kunststoff.
Ich überquere die Straße und habe Angst: WALK – DON'T WALK (in rot)
die Verkäufer in den Geschäften fast alle Kubaner

und mir ist, als hörte ich
Revolutionäre sprechen.
Der Himmel schmutzig. Polizeisirenen.
Alte Frauen führen Selbstgespräche.
Coronel erzählte von jenem französischen Dominikanermönch,
der hier sagte:
»Seit ich vor 3 Monaten herkam, kann ich nicht mehr beten.«
Museum of Modern Art. Keine Zeit einzutreten. Und warum auch?
Frank O'Hara arbeitete hier. Seine Gedichte schrieb er
beim Lunch – Sandwiches und Coca-Cola.
Einmal schrieben wir uns.
Jetzt kaufte ich im Bretano's seine LUNCH POEMS ($ 1.50)
und die Autos erinnern mich an seinen Tod
überfahren in New York (zur Stunde des Lunch?)
WALK – DON'T WALK
Dorothy Day erwartet mich im *Catholic Worker*, sagt Tony.
Am Telefon erinnerte sie sich, daß sie mir einmal geschrieben hatte.

Paperbacks-Buchhandlung in der Fünften.
Viele Bücher über Indianer. Pawnees, Sioux. Hopies. Die
Hopis, Anarchisten und Pazifisten seit 2000 Jahren, Gandhianer
erklärten nie einen Krieg noch unterschrieben sie einen Vertrag
(nicht einmal mit den USA)
und jetzt treffe ich um 12 Uhr Kenneth Arnold
den Verleger der englischen Ausgabe meines Buches
FÜR DIE INDIANER AMERIKAS
hier ist auch die Biographie des Schwarzen Elches
er kam nach New York mit Buffalo Bill
die Häuser bis zum Himmel, die Lichter gestohlen von der Macht
des Donners
und er sagte, er war hier wie einer, der niemals eine Erleuchtung hatte.
Auch Rote Füchsin mit Buffalo Bill. Sie liebte die Indianer, sie

verteidigte sie in Washington. Es wird Zeit, mich mit Kenneth zu treffen.
Er kommt aus Baltimore. Wir sind im Gotham Book Mart. verabredet.
I have spoken, ich hab's. Mit der Rede von Seatle.
Seatle eingewickelt in seine Decke wie in eine Toga
mit seiner berühmten Stimme, auf eine halbe Meile zu hören
inmitten der baumlosen Ebene: »Meine Worte sind wie die Sterne
die sich nie ändern. Was Seatle dem Großen Meister in Washington sagt
ist so sicher wie die Wiederkehr der Sonne oder der Jahreszeiten ...«
Draußen regnet es einen Regen ohne Duft
und bald ist die Stunde des Lunch
NO SMOKING
»Und wenn der letzte meines Volkes gestorben ist
und man von meinem Stamm spricht wie von einem Märchen ...«
Flüsternde Autoreifen auf regennassen Straßen
Neonlichter im nassen Asphalt wie in einem Spiegel
»... und die Söhne seiner Söhne sich verlassen glauben
auf dem Feld, in den Fabriken, den Geschäften, werden sie nicht verlassen sein.
Wenn die Straßen ihrer Städte schweigen und alle glauben
sie seien leer, werden sie voll sein von toten Geistern.
Sagte ich tote? Es gibt keinen Tod. Nur eine Wandlung der Welt.«
Ich gehe hinaus mit noch mehr Büchern über die Indianer Amerikas
und ich gehe nach Gotham Book Mart. – drei Häuserblocks – dort finde ich Kenneth.
Er ist jung, mit Bart. Auch Miß Steloff ist dort, mit silberweißem Haar
die berühmte Dame dieser Buchhandlung. Und ich war einmal hier
auf einer Feier für Edith Sitwell. Miß Steloff
lud uns ein, Coronel und mich, und wir brachten Mimi Hammer mit
und es waren dort Auden, Tennesee Williams, Marianne Moore, Spender ...

Kenneth brachte den Schutzumschlag für
HOMAGE TO THE AMERICAN INDIANS
und dann gehen wir in ein chinesisches Restaurant, einen halben
Häuserblock weit
und dann Lunch chow mein, aber vorher ein eiskaltes Bier.
Diese Fülle von Büchern über Indianer, sagt er
gibt es seit einem Jahr oder zwei. Der Indianer ist Mode geworden.
Er selbst schrieb auch ein Gedicht über Indianer, oder besser gesagt
über Buffalo Bill, seinen Fast-Großvater. Ja, er war der Bruder
seines Urgroßvaters
der Colonel William Frederic Gody (Buffalo Bill)

Tony holt mich ab, und er entschuldigt sich wegen des Wagens.
Sein eigener ist in Reparatur. Dieser – luxuriös – gehört dem
Vater. (Er schämt sich)
Wir sind eingeladen zum Essen von der Mutter Bruder Davids
(mit Napoleón und Jacquie). Die Wohnung in einer feinen Gegend
in der Nähe der fünften. Sie ist Baronin von Österreich
aber sie arbeitet als Angestellte. Sie verteilte ihr Geld.
Ein Mädchen brachte mir ein Geschenk: ein Poster von Watergate
– Nixon als Gangster mit der Überschrift Wanted –
Bruder David sagt:
»Was würden Sie den Äbten der Klöster der Vereinigten Staaten
sagen?«
Ich lache. »Im Ernst. Wenn alle Äbte vereint Ihren Rat erbäten?«
»Sie würden ihn nicht befolgen.« »Aber was würden Sie sagen?«
»Sie sollten alle Kommunisten werden.«
Ein junger Mann: »Warum die Gesellschaft zuerst
und nicht das Herz der Menschen? Zuerst kommt der Mensch.«
Ich sage: »Wir sind soziale Wesen. Die soziale Veränderung ist
nicht *äußerlich*.«

Das Essen: Joghurt mit Erdbeeren
braunes und schwarzes Brot, Milch
blaue Weintrauben, rote Äpfel, gelbe Bananen
Honig, der wohlschmeckendste, den ich im Leben aß.
Keine Liköre bei diesem Essen. Ich allein rauche

(»die Luft ist schon verseucht genug, um auch noch zu rauchen«)
Bruder David spricht mit einer Perlenschnur in den Händen.
Ich frage ihn: »Kann man den Buddhismus mit dem Christentum verschmelzen?«
»Durch das Christentum. Sie haben
das Christentum mit dem Marxismus verschmolzen, und wir
das Christentum mit dem Buddhismus.«
Er sagt auch: »Pfingstchristen ... vielleicht besser, Sie sehen sie nicht.
Sie scheinen besessen vom Geist, aber sie machen mit der Ausbeutung weiter.«
Tony verläßt uns, um zu seinen Waisen zu gehen.

12. Straße. Hier wohnte Joaquin. In diesem Haus
ich bin fast sicher.
Ein Antiquariatsbuchhändler im Village verliebt sich in mein Hemd
in mein nicaraguanisches Baumwollhemd
und er fragt mich, wer es erfand.
Eine goldene Reklame: MONEY (ein Geldverleiher).
Ich frage nach Charles. St. Ein gepflegter Mann auf einer Bank: Er weiß es nicht, sagt er. Darf ich ihm einen Dollar schenken?

Er hat seit zwei Tagen nichts gegessen.
Parra war in Chile.
Auf allen Bildschirmen der Vereinigten Staaten sagte Dean gegen Nixon aus.
Washington Square: Rock im Park
Mikrofon mit elektronischer Musik verrückt frenetische Sprecher
tausend Langhaarige heulen mit der Musik Schwarze Blonde Schwarze
mit der Musik, barfüßige Bärtige, mit Juwelen geschmückt oder in Lumpen
heulen mit der Musik, zertreten die Wiese oder
liegen auf ihr rauchend küssend oder Bier aus Konserven trinkend.

Eine Lesbierinnengruppe schreit. Etwas weiter GAY LIBERATION mit Fahne
gleichgültig dem Methodisten gegenüber, der – Bibel in der Hand – ihnen predigt.
Im Hintergrund ein stocksteifer Damenchor mit knöchellangen Kleidern.
Die Straße überquerend
zwei Schwule, die mit ihren zwei Zungen ein
einziges Eis lecken.

Im Studio Armando Morales, La Mecha: im Bovery
dem Viertel der Bettler und des *Catholic Worker.*
Eine Art Keller. Ohne Bad. (Man wäscht sich an einem Becken mit
einem Schwamm, auf einer Nummer der Times stehend, um den Fußboden nicht zu beschmutzen)
Bei kalifornischem Wein erinnern wir uns an Managua vor dem
Erdbeben inmitten der Bilder La Mechas, die die Galerie für 10 000 Dollar verkauft.
Die Aschenbecher Sardinendosen von der Sorte, die man beim Öffnen aufrollt
halb aufgerollt alle Deckel, und es gibt ganze Berge davon.
Er erklärt mir: die Galerie setzt den Preis fest, und dies
sind die »Aktien« eines Malers. Ein Käufer von »Morales«
investiert in ihn wie in General Motors. Steigt der Preis
(die Aktien), investieren sie mehr. Und wenn der Verkauf stillsteht
kann die Galerie die Preise nicht senken
selbst wenn La Mecha am Verhungern wär – ein Preissturz riefe
Panik hervor bei den »Aktionären« der verworrenen Farben und
geheimnisvollen Akte von Morales.
Er malt seine Farben und bedeckt dann die Leinwand mit Schwarz.
Danach *rasiert* er sie mit einer Gillette, er kratzt das Schwarz ab
und auf dem Gekratzten malt er alle Farben noch einmal.
»Jetzt kann ich wirklich malen«, sagt er, »ich kann malen was ich will.
Das Schwierige ist nur – was soll ich malen?«
Wir erinnern uns an jene Kneipe in Managua *Die fünf Schwestern.*

Wir denken an jene Super-Musen, die wir mehr oder weniger liebten.
Und wie wir einmal entdeckten, daß wir auf der Liste der Homosexuellen standen
bei der Polizei – er, weil er Maler, ich, weil ich Dichter war.
Und er denkt an jenes Bordell »La Hortencia« und ich sage
es sei nicht dort, wo er glaubt, sondern woanders, und auch da nicht mehr
man baute dort später die Erlöserkirche (La Mecha lacht)
und als ich schon Priester war, feierte ich dort die Messe bis
man es mir verbot wegen meiner Predigten gegen Samoza (La Mecha lacht)
und außerdem gibt es auch keine Erlöserkirche mehr nach dem Erdbeben ...

La Mecha kann keine Bilder spenden
für die Erdbebensammlung
seine Kunst gehört der Galerie.

Und noch immer sagt auf allen Bildschirmen Dean gegen Nixon aus.
Laughlin ist ein Mann von der Größe einer Tür und
(wie ich bereits von Merton wußte) überfließend vor Liebe.
Als wir eintreten, fragt er seine Frau nach Nicanors Wein.
Wo ist der Wein, den Nicanor hinterließ? Er holt aus dem Kühlschrank einen portugiesischen Weißwein San-ich-weiß-nicht-mehr-
wie, den Nicanor bei seinem letzten Besuch hier ließ. Wir halten
die Gläser in den Händen noch ohne zu trinken und Laughlin
hebt das seine zum Himmel wie bei der Wandlung:
»Für Tom. Ich bin sicher, daß er an diesem Treffen seine Freude hat,
sei er jetzt wo er sei!« Und ich: »Er ist hier.« Köstlich Nicanor
Parras Wein. »Es ist seltsam«, sagt Laughlin, »nach seinem Tod
dachte jeder seiner Freunde, er sei der engste Freund Mertons gewesen.«
Nach einer Pause und einem Schluck Wein: »Und in Wirklichkeit war es auch so.«

Mit Napoleon Chow spricht er über China und mit Jacquie über die
Türkei.
Er gibt uns einige neue Bücher aus der Reihe »New Directions«.
Schnell unterschreiben wir den Vertrag über mein Buch IN KUBA.
Mehr Wein. Margaret Randall scheint glücklich in Kuba – wie gut.
Sie ist ihm sympathisch, obwohl er sie nicht kennt.
Er erzählt uns
(die Öffentlichkeit weiß das noch nicht)
davon, wie Merton sich verliebte, zwei Jahre vor seinem Tod.
1966. Im Frühling. Er und Parra waren im Kloster.
Ein schönes junges Mädchen. Die Liebe wie ein Blitz.
»Irrsinnig« sagt er
»aber er wollte doch Mönch bleiben.«
Später sage ich, er sei ein guter Poet, ich übersetzte seine Gedichte
er sagt nein, Pound habe gesagt nein. Er strich alles durch
mit seinem berühmten Bleistift. Er sagte: »Do something usefull«,
und er wurde Verleger. Niemand hatte damals einen Verleger, nur
Hemingway.
Er ging in Rapalo zur *Universität Ezra.* Er speiste mit Pound
und seiner Gattin im Albergo Rapales. Danach Schwimmen oder
Tennis und Lesungen über Villon, Katull ... Pound war sein geisti-
ger Vater.
Er erzählt: Somoza stahl seinem Onkel einmal eine Mine.
– James Laughlin ist ein Enkel des Stahlkönigs Laughlin –
»Natürlich wußte er Bescheid« sagte Laughlin (Nixon)
Nicanors Wein ist getrunken und wir gehen
in ein französisches Restaurant, drei Häuserblocks weiter.
»Er liebte die Einsamkeit, und er liebte die Menschen.
Er liebte die Stille – und auch das Gespräch.
Merton war ganz gewöhnlich, you know, und ein perfekter
Mönch.«
Mitternacht. In einem Tabakladen schon die Morgenausgabe der
New York Times

NIXON WUSSTE BESCHEID, ERKLÄRT DEAN

(wir kaufen eine Nummer)

In der Untergrundbahn eine Anzeige der Army: Jungen in der
Universität
... und nach dem Examen zur Army ...
Und die dunklen Subways jetzt von außen bemalt:
Namen von Jungen und Mädchen in leuchtenden Farben
Alice 95 Bob 106 Charles 195
und die Züge fahren vorbei wie überschüttet mit Blumen
(ihre Namen und die Straßen, in denen sie wohnen) »Sie schreiben
sie
damit man sie kennt« sagt Napoleon, »um sich *wirklich* zu fühlen«
gemalt mit Sprayfarben in allen Tönen
und manche sind fast einen Meter hoch
Manuel ... Julia ... José ... (viele Puertoricaner)

Slums ›ganz ohne Schönheit, außer den Wolken‹
36 East 1st Street ... (Bowery)
bewegt sehe ich das winzige Schild an der Tür: *Catholic Worker*
ein Dicker, der auf dem Bürgersteig liegt, bittet sanft um eine
Zigarette
bewegt trete ich ein in dieses heilige Haus
sie ist noch nicht da, doch schon kommt sie die Straße entlang
mit anderen Frauen
dünn, gebeugt, mit weißem Haar
mit 78 noch schön
ich küsse die Hand dieser Heiligen, und sie küßt meine Wange.
Wie meine Großmutter Agustina in den fünfziger Jahren
(als sie noch lesen konnte und die Bücher dieser Frau las).
Dies ist das berühmte House of Hospitality, das gegründet wurde
von Peter Maurin und Dorothy Day während der Großen
Depression
wo es kostenlos Essen und Schlafstatt gibt für jeden, der ankommt
Betrunkene Verrückte Süchtige Vagabunden Sterbende
und es ist auch eine pazifistische und anarchistische Bewegung:
ihr Ziel, eine Gesellschaft, in der es leicht ist, gut zu sein.
Bald würden die Armen zum Abendessen kommen.
Ich studierte an der Columbia, und selbst dort hörten wir

daß ein Heiliger starb dort in dem Stadtviertel der Bettler.
Peter Maurin, Agitator und Heiliger
er predigte in den Parks:
»Entlaßt die Fabrikbesitzer« oder
»Geben und nicht nehmen
macht den Menschen menschlich«
Mit einem einzigen alten Anzug, und er paßte nicht einmal. Ohne
eigenes Bett an diesem Ort, den er gründete, ohne eine Ecke für
seine Bücher.
Er ging durch die Straßen ohne auf die Verkehrsampeln zu achten.
Und seit diesem Augenblick verschrieb sie sich
den ›Werken der Liebe und der Rebellion‹. Ein Leben
täglicher Kommunion und Teilnahme
an allen Streiks, Demonstrationen, Märschen, Protesten oder Boy-
kotts.
Hier arbeiten ohne Lohn Studenten, zukünftige Priester
Professoren, Matrosen und Bettler, und manchmal
bleiben sie ein ganzes Leben. Viele gingen ins Gefängnis oder sind
noch dort.
Hennacy fastete mit Spruchband vor Regierungsgebäuden
er verteilte Zettel und verkaufte Zeitungen
und zahlte keine Steuern, weil 85 % für den Krieg sind
er arbeitete als Tagelöhner auf den Feldern, um keine Steuern zu
zahlen.
Hugh, mager, mit kurzer Hose, Sandalen und Poncho
tat gleichfalls Buße auf den Straßen.
Jack English, ein glänzender Journalist aus Cleveland
war Koch beim Catholic Worker und wurde dann Mönch.
Roger La Porte war hübsch und blond und 22 Jahre. Er opferte sich
indem er sich mit Benzin übergoß und verbrannte vor den
Vereinten Nationen.
Und ein alter *ex-marine,* Smoky Joe, der gegen Sandino kämpfte
in Nicaragua, starb hier, bekehrt zur Gewaltlosigkeit.
Hier arbeitete Merton bevor er zu den Trappisten ging.
Die Zeitung kostet noch immer einen Cent.
wie damals als Dorothy Day sie zum ersten Mal

auf dem Union Square verkaufte, an einem ersten Mai (1933)
Es war das dritte Jahr der Depression
12 Millionen Arbeitslose
und Peter wollte mit dem Blättchen mehr als eine
Veröffentlichung von Meinungen
eine Revolution.
Die Kochtöpfe dampfen
und die ersten Armen kommen, die Obdachlosen, die aus Bowery
und stellen sich an. »Die *anderen* Vereinigten Staaten«, sagt
Dorothy
der Mensch verdrängt von der Maschine
und verlassen von der Heiligen Mutter Staat.
Schreie. Einer kam schreiend und trampelnd herein
zwei vom Catholic Worker führen ihn freundlich hinaus.
»*Nie* rufen wir die Polizei, denn wir glauben an die Gewalt-
losigkeit.«
Und sie sagt auch: »Als ich Kuba besuchte
sah ich, daß die Kubaner Sandino verehren
und ich freute mich. Denn als ich noch jung war, sammelte ich
Geld für ihn
als ich Kommunistin war und noch nicht zum Katholizismus
bekehrt.
Und ich sah die wichtigsten Generale Sandinos (ihn selbst nicht)
in Mexiko: mit ihren riesigen Hüten, wie sie hot dogs aßen.«
Und energisch, ihr weißes Haupt erhebend:
»Fidel Castros Kuba kenne ich,
wie ich Ihnen schon schrieb. Es gefiel mir.«
Schreie. Diesmal ist es eine Zwergin. Und jemand trägt sie sanft
auf den Armen hinaus wie eine Puppe.
Sie erzählt, daß sie jetzt den Arbeitern Chávez' helfen
indem sie die Kette der A & P-Geschäfte boykottieren. Und sie
betet
sagt sie, um eine reinigende Niederlage für die Vereinigten
Staaten.
Sie spricht von Joan Báez, die in Hanoi sang unter den Bomben.
Sie erzählt, daß Hennacy sagte: »Im Gegensatz zu dem was die

Leute denken, sind nicht wir Anarchisten die mit den Bomben,
sondern der Staat.«

Es gibt keinen Frieden, weil sonst der Verkehr auf den Straßen stillstände, die Fabriken ruhten, und die Vögel sängen auf den Maschinen
wie sie es erlebt hat während der Großen Depression. Sie erzählt
von den Schrecken, die sie sah im Womens House of Detention
wenn sie wieder einmal verhaftet war. Und mit einem Blick
auf die Armen wiederholte sie, was Peter einmal sagte:

»Die Zukunft wird anders sein
wenn wir die Gegenwart verändern.«

Ich verabschiede mich ehrfürchtig von dieser heiligen Anarchistin
und diesem heiligen Ort, an dem jeder willkommen ist.

Jeder empfange nach seinen Bedürfnissen
jeder gebe nach seinen Fähigkeiten.

DOWN TOWN, UP TOWN. Bang. Bang. Es donnern die Züge
unter der Erde up town und down town
mit den Namen von Jungen und Mädchen wie Blumen

Tom
Jim
John
Carolina

der Name und die traurige Anschrift wo sie wohnen. Sie sind
wirklich. Damit alle wissen, daß sie WIRKLICH sind. Bang bang
die Züge über den Hochspannungskabeln mit
ihren leuchtenden Anzeigen von Calvert, Pall Mall und der Army
es ist schön in der Army.

Nachts, in der Nähe der Wall Street, in einer Wohnung ohne Möbel
Priester und Laien, Pastoren und Marxisten

»Das System ändern, in dem das Ziel des Menschen der Gewinn ist«

»Die christliche Ethik paßt nicht in die Grenzen der privaten Moral«

»Die Schau des Reiches Gottes ist subversiv«

Der eine arbeitet mit Computern, der andere mit den Armen.
Sonntagsabend,
viele Stockwerke noch erleuchtet in Wall Street.
Sie plagen uns
»Hallo Bogota«
»Hallo ITT«
2 Zwillingswolkenkratzer, höher als das Empire State Building
und die obere Hälfte beleuchtet
deutlich sichtbar am Himmel hinter den Scheiben
der Imperialismus
Hallo, wir brauchen mehr Trockenheit.
Was ist dieses andere Monstrum, das sich erhebt in der Nacht?
Die Chase Manhattan Bank, und sie plagt die halbe Menschheit.
Hinter Wall Street die Brücke von Brooklyn wie eine leuchtende Leier.
Im Schatten zwei Jungen beim Autostehlen, wie es scheint.
Unser Satellit blaß über dem Himmel von Brooklyn
zusammengedrückt wie ein Rugbyball.
Am frühen Morgen des nächsten Tages bringt Tony mich
in seinem franziskanischen Auto wieder zum Kennedy-Airport.
6 Tage in New York.
Die Sammlung für die Änderung der Gewissen
nicht für öffentliche Institutionen. »No institution«, sagt Tony.
Ich habe keinen Fensterplatz. Beim Aufsteigen, dort in der Ferne
(nur ein schneller Blick)
die Silhouette der Wolkenkratzer vor einem Himmel voller Auspuffgase
Säuren und Kohlenmonoxyd.

Deutsch von Anneliese Schwarzer de Ruiz

Die ungerechten Reichtümer (Lukas 16,9)

Und was also die Reichtümer angeht, gerechte oder ungerechte,
die Güter, gut oder schlecht erworben:
Aller Reichtum ist ungerecht.
Jedes Gut
schlecht erworben.
Wenn nicht durch dich, so durch andere.
Auch wenn du eine einwandfreie Urkunde vorweisen kannst.
Aber hast du die Farm von ihrem rechtmäßigen Eigentümer erworben?
Und hat dieser sie vom Eigentümer erworben? Usw. Usw.
Dein Papier geht zurück auf ein königliches Papier –
aber gehörte es jemals dem König?
Wurde nicht einmal einer beraubt?
Und das Geld, das du heute legal bekommst
von deinem Kunden, von einer Bank, von der Stadtkasse oder auch vom Schatzamt der USA –
wurde es nicht einmal unrechtmäßig erworben?
Glaubt aber nur ja nicht, daß im vollkommenen kommunistischen Staat
die Gleichnisse Christi je veraltet sein werden
und daß Lukas 16,9 dann überholt ist
und daß die Reichtümer nicht mehr *ungerecht* sein
und ihr nicht gezwungen sein werdet, sie zu verteilen!

Deutsch von S. Bacin/K. Marti

Der Schwede

Eine Erzählung

Ich bin Schwede. Und ich beginne meinen Bericht mit der Erklärung, daß ich Schwede bin, weil ich dieser einfachen Tatsache all die seltsamen (und für viele sicher unglaublichen) Dinge zu verdanken habe, die mir widerfahren sind und die ich hier gerne erzählen möchte. Ich bin also Schwede, wie ich gerade gesagt habe, und schon vor vielen Jahren zu einem kurzen Besuch in diese kleine und unselige Republik Mittelamerikas gekommen – in der ich mich noch immer befinde –, um ein Exemplar einer seltsamen Gattung aus der Familie der *Iguanidae* zu suchen, die mein Landsmann Linneo nicht katalogisiert hat und die meiner Ansicht nach vom Dinosaurier abstammt (obwohl in der Welt der Wissenschaft ihre Existenz noch immer umstritten ist).

Kaum die Grenze überschritten, hatte ich das Pech, verhaftet zu werden. Aber man erwarte bitte nicht, daß ich erkläre, weshalb ich verhaftet wurde, denn ich selbst habe mir diesen Umstand, so sehr ich es auch versuchte, nie auf eine einleuchtende Art erklären können, und es gibt niemanden auf der Welt, der dies vermag. Es ist wahr, daß sich das Land damals in einer Revolution befand, und sicher hatte mein nordisches Aussehen Mißtrauen erregt. Außerdem hatte ich die Unvorsichtigkeit begangen, in dieses Land zu reisen, ohne seine Sprache zu sprechen. Man wird mir entgegnen, daß all dies kein hinreichender Grund ist, jemanden zu verhaften. Aber ich habe ja schon gesagt, daß es keine einleuchtende Erklärung dafür gibt. Es war ganz einfach so: ich wurde verhaftet.

Es nützte mir nichts, daß ich ihnen in unverständlichem Kauderwelsch klarzumachen versuchte, daß ich Schwede sei. Meine feste Überzeugung, der Gesandte meines Landes würde mich bald aus dieser Situation befreien, wurde wenig später zunichte, als ich nämlich herausfand, daß sich dieser Gesandte nicht nur nicht mit mir verständigen konnte (denn er sprach kein Wort Schwedisch und hatte niemals auch nur die geringste Beziehung zu meinem Lande gehabt), sondern daß er außerdem noch ein schwerhöriger und kranker alter Mann war, der selbst häufig verhaftet wurde.

Im Gefängnis lernte ich eine Menge wichtiger Leute des Landes kennen, die ebenfalls die Angewohnheit hatten, häufig im Gefängnis zu sitzen: Ex-Präsidenten, Senatoren, Angehörige der Armee, ehrwürdige Damen und Bischöfe und einmal sogar der Polizeidirektor höchstpersönlich. Die Ankunft dieser Herrschaften, die meistens in Gruppen stattfand, brachte den Gefängnisalltag mit aller Art von Besuchern, Botschaften, der Sendung von Eßwaren, Bestechungen, Meutereien und manchmal sogar Fluchtversuchen durcheinander. Dieser starke Zugang von neuen Häftlingen an Tagen der Verschwörung bedeutete immer gewisse Veränderungen für uns andere, die wir, sozusagen, einen beständigeren Charakter im Gefängnis hatten. Aus einer – relativ bequemen – Einzelzelle konnte man in eine riesige, überfüllte Massenzelle gesteckt werden, in der kaum ein Mensch mehr Platz fand, oder in ein Loch, in das nur schwer ein Mensch paßte, oder in die Folterkammer, die – wenn das Gefängnis überfüllt war – leerstand.

Aber ich drücke mich schlecht aus, wenn ich »das Gefängnis« sage, denn es gab nicht nur *ein* Gefängnis, sondern viele, und oft wurden wir ohne ersichtlichen Grund von einem Gefängnis in das andere gebracht: Ich glaube, daß ich sie fast alle ausprobiert habe. Allerdings hat mir einmal ein prominenter Gegner der Regierung – der vorher eine prominente Persönlichkeit der Regierung gewesen war – gesagt, daß es tatsächlich nur ein einziges Gefängnis gebe; daß das ganze Land ein Gefängnis sei und daß sich einige innerhalb dieses Gefängnisses »im Gefängnis« befänden, andere in ihrem eigenen Haus, aber alle hätten das ganze Land zum Gefängnis.

In diesen Gefängnissen findet man häufig alteingesessene Gefangene, die für irgendein Verbrechen eine sehr lange Strafe verbüßen müssen und die bereits so viel Vertrauen genießen, daß man sie zu Gefängniswärtern gemacht hat – ebenso wie man auch ehemalige Gefängniswärter als Gefangene finden kann. Und so, wie wichtige Regierungsfunktionäre manchmal zu Gefangenen werden, hat es andererseits wichtige Gefangene der Opposition gegeben, die später hohe Regierungsämter bekleidet haben (ich kann das von einem Mann bezeugen, der in diesen Gefängnissen in Haft war und der, wie mir andere Mithäftlinge erzählt haben, sogar an einem Attentat beteiligt war und jetzt Minister ist). Aber noch verwirrter wird die Lage durch die inhaftierten Beamten des

Geheimdienstes und die Spitzel, von denen man nie genau weiß, ob sie falsche Spitzel der Regierung sind, die im Gefängnis sitzen, um sich mit der Opposition zu verständigen, oder falsche Gefangene, die von der Regierung ins Gefängnis gesetzt wurden, um die Opposition zu bespitzeln.

Da wir gerade von der Opposition sprechen, muß ich hier erzählen, was mir einer der wichtigsten Männer der Opposition einmal anvertraut hat: »Die Opposition«, sagte er mir, »existiert in Wirklichkeit gar nicht: sie ist eine von der Regierung aufrechterhaltene Fiktion, genauso, wie die Regierungspartei eine Fiktion ist. Schon vor langer Zeit hat sie zu existieren aufgehört, aber auch für uns ist es von Vorteil, diese Fiktion einer Opposition aufrechtzuerhalten, wenn wir auch manchmal ihretwegen verhaftet werden.« Ob dies nun stimmt oder nicht, kann ich nicht sagen. Eine noch erstaunlichere und unglaublichere Enthüllung wurde mir unter dem Siegel strengster Verschwiegenheit von einem früheren Freund des Präsidenten anvertraut, der – jetzt zu einem seiner erbittertsten Feinde geworden – im Gefängnis saß. »Den Präsidenten«, sagte er zu mir, »gibt es gar nicht! Er ist ein Double! Der richtige hat schon vor langer Zeit zu existieren aufgehört!« Wie er erzählte, hatte der Präsident ein Double gehabt, das er für die Attentate benutzte, die oft nur vorgetäuscht und vom Präsidenten selbst angestiftet worden waren, um zu sehen, welche seiner Freunde in die Falle gingen, und um sie auf diese Weise zu beseitigen (obwohl dieses Spiel manchmal recht kompliziert und auch gefährlich für ihn wurde, denn es forderte direkt dazu heraus, daß wirkliche Verschwörer mit ihm zusammen ein falsches Komplott anstifteten, mit dem Ziel, ihn tatsächlich zu beseitigen). Es sieht so aus, als ob eines Tages entweder irgendein Plan des Präsidenten gescheitert wäre oder irgendeiner seiner Feinde Erfolg gehabt hätte (vielleicht sogar unter Mithilfe des gleichen Double – sei es aus persönlichem Ehrgeiz, sich selbst als Präsident einzusetzen, oder aus Selbstverteidigung angesichts der Bedrohung des eigenen Lebens bei der gefährlichen Ausübung des Berufs eines Double –, obwohl mein Auskunftgeber entweder diese Einzelheiten nicht wußte oder sie mir nicht sagen wollte), jedenfalls soll das Double an Stelle des

Präsidenten verblieben sein. Ob nun dies alles eine Fabel oder Aufschneiderei oder die Wahrheit oder ein Scherz oder das Irrereden eines durch lange Kerkerzeit aus der Fassung gebrachten Geistes ist, kann ich nicht sagen, ebensowenig, ob die Freundschaft meines Gewährsmannes oder sein Verrat dem ersten Präsidenten oder seinem angeblichen Double oder beiden zusammen gegolten hatte.

Wie man verstehen wird, hatte ich die Landessprache bereits beherrschen gelernt und im Gefängnis eine gründliche Kenntnis erworben. Ich hatte die wichtigsten Männer der Opposition (und selbst der Regierung, wie ich bereits sagte) im Kerker unter so vertraulichen Umständen kennengelernt, daß sie mir Dinge über das ganze Land sagten, die man außerhalb der Gefängnismauern nicht einmal der eigenen Frau, geschweige denn den Mitverschworenen anvertraut. Man kann also behaupten, daß die einzige wichtige Persönlichkeit des Landes, die ich noch nicht kennengelernt hatte, der Präsident war. Und hier beginnt der außergewöhnlichste Teil meiner Geschichte: denn eines Tages geschah es, daß ich den Präsidenten nicht nur kennenlernte, sondern ihn so genau kennenlernte wie keine andere Persönlichkeit der Opposition oder der Regierung. Aber greifen wir den Geschehnissen nicht vor.

Am Anfang meiner Gefangenschaft wiederholte ich unermüdlich, daß ich Schwede sei, aber dann ließ ich es bleiben, denn ich gelangte zu der Überzeugung, daß in dem Maße, in dem es für mich absurd war, eingesperrt worden zu sein, *obwohl* ich Schwede bin, es für sie ebenso absurd sein würde, mich freizulassen, nur *weil* ich Schwede bin.

Einige Jahre waren so vergangen, wie ich sie geschildert habe, und ich hatte die Hoffnung schon verloren, nach Ablauf der Regierungszeit des Präsidenten freigelassen zu werden (denn dieser hatte sich wiedergewählt), als mich einige Regierungsbeamte im Gefängnis aufsuchten und – zu meinem Erstaunen – fragten, ob ich Schwede sei. Vor der unerwarteten Frage und dem Interesse, das sie dabei bekundeten, zauderte ich zuerst einen Moment, antwortete ihnen dann aber, daß dies den Tatsachen entspreche. Sofort ließen sie mich baden, rasieren und mir die Haare schneiden (was sie nie zuvor getan hatten) und zogen mir einen Gesellschaftsanzug an. Zuerst dachte ich, daß sich vielleicht die Beziehungen zu meinem Lande erheblich verbessert hätten, obwohl mir andererseits die vielen Vorbereitungen und Zeremonien – besonders der Gesellschaftsanzug – ernstlich Furcht einflößten und ich sogar daran dachte, daß man mich töten wolle. Diese Furcht verflog jedoch, als ich merkte, daß man mich vor den Präsidenten führte.

Sofort, nachdem ich ankam, öffneten sich vor mir sämtliche Türen bis zu dem Zimmer des Präsidenten, der mich zu erwarten schien. Er begrüßte mich höflich: »Wie geht es Ihnen? Ich hoffe, gut?« Ich glaube allerdings, daß er seiner Frage keine große Bedeutung beimaß. Noch bevor ich antworten konnte, fragte er mich, ob ich Schwede sei. Ich antwortete ihm mit aller Bestimmtheit, daß dies den Tatsachen entspreche, und daraufhin stellte er die Frage: »Dann sprechen Sie also Schwedisch?« Ich entgegnete ihm, daß dies zutreffe, und meine Antwort gefiel ihm sichtlich. Daraufhin gab er mir einen Brief, der in meiner Sprache geschrieben war und die zarten Schriftzüge einer Frau trug. Der Präsident befahl mir, ihm diesen Brief zu übersetzen. (Später erfuhr ich, daß man, als der Brief angekommen war, vergeblich im ganzen Lande nach jemandem gesucht hatte, der ihn hätte entziffern können, bis sich glücklicherweise jemand daran erinnerte, im Gefängnis das Geschrei eines Häftlings gehört zu haben, daß er Schwede sei.) Der Brief war von einem Mädchen, das den Präsidenten bat, ihr ein paar jener schönen Goldmünzen zu schenken, die, wie sie gehört hatte, hier im Umlauf seien, und sie drückte gleichzeitig dem Präsidenten dieses exotischen Landes ihre Bewunderung aus und schickte ihm ihr Bild: das Foto des hübschesten Mädchens, das ich je gesehen habe!

Nachdem sich der Präsident meine Übersetzung angehört hatte, diktierte er mir – der Brief und vor allem das Bild des Mädchens hatten ihm sehr gefallen – eine Antwort, die nicht ohne galante Schmeicheleien war und in der er sich zur Sendung von Goldmünzen in großzügiger Menge bereit erklärte, wobei er erwähnte, daß dies durch das Gesetz ausdrücklich verboten sei. Ich übersetzte wortgetreu seine Gedanken in die schwedische Sprache und war fest davon überzeugt, daß mir mein unverhoffter Dienst nicht nur die Freiheit, sondern vielleicht sogar eine kleine Stellung einbringen würde, oder doch wenigstens die Unterstützung der Regierung, damit ich die ersehnte *Iguanidae* finden könne. Für alle Fälle fügte ich aber dem Brief, den mir der Präsident diktiert hatte, als Vorsichtsmaßnahme ein paar Zeilen hinzu, erklärte meine Lage und bat meine schöne Landsmännin, etwas zu unternehmen, um mir zu meiner Freiheit zu verhelfen.

Kurz darauf beglückwünschte ich mich zu diesem Einfall, denn kaum hatte ich meine Arbeit beendet, als ich zu meiner großen Enttäuschung wieder ins Gefängnis gebracht wurde, wo man mir den Gesellschaftsanzug abnahm und ich wieder in meine vorherige, traurige Lage zurückkehrte. Aber die Tage danach waren von Hoffnung erfüllt: Das Bild meiner schönen Retterin wich nicht aus meinen Gedanken, und kurze Zeit danach ließen mich ein neuerliches Bad, die Rasur und der Gesellschaftsanzug wissen, daß die ersehnte Antwort eingetroffen war.

Und so war es auch. Wie ich vorausgesehen hatte, bezog sich der Brief fast ausschließlich auf meine Person, der Präsident wurde um meine Freilassung gebeten, aber (und dies hatte ich ebenfalls vorausgesehen) ich konnte den Brief unmöglich dem Präsidenten vorlesen, weil er sonst entweder glauben würde, daß dieser meine eigene Erfindung sei, oder er würde entdecken, daß ich eigene Worte in sein Schreiben geflochten hatte, und könnte meinen Wagemut vielleicht sogar mit dem Tode bestrafen.

So sah ich mich also gezwungen, all das zu verschweigen, was sich auf meine Freilassung bezog, und den Text durch schmeichlerische Reden auf den Präsidenten zu ersetzen. In der galanten Antwort dagegen, die er mir diktierte, fand ich Gelegenheit, meine Geschichte ausführlicher zu erzählen und dem Mädchen gleichzeitig die romantische Vorstellung zu nehmen, die sie von dem Präsidenten hatte, indem ich ihr enthüllte, was dieser in Wirklichkeit war.

Von da an begann das reizende Mädchen oft zu schreiben; sie zeigte ein ständig wachsendes Interesse an meinem Schicksal, was wiederum für mich häufiges Baden, Rasieren und Anziehen des Gesellschaftsanzuges zur Folge hatte und meine Hoffnung auf Freiheit bestärkte.

Mit jedem Brief wurde ich durch die Antworten, die mir der Präsident diktierte, vertrauter mit ihr, und ich nützte diese dazu aus, meinen eigenen Gefühlen Luft zu machen. Ich muß gestehen, daß während der langen und eintönigen Zeitabstände zwischen Brief und Brief der Gedanke an meine Freiheit (verbunden mit dem Gedanken an das wundervolle Mädchen, das sie mir verschaffen konnte) nicht von mir wich und daß diese beiden Gedanken oft zu einem einzigen verschmolzen, bis zu dem Punkt, an dem ich nicht mehr wußte, ob ich vor Verlangen nach meiner Freiheit an sie dachte oder vor Verlangen nach ihr an meine Freiheit (sie und die Freiheit waren für mich eins, wie ich ihr so oft schrieb, während der Präsident diktierte). Um es deutlicher auszusprechen: Ich hatte mich verliebt. Es wird wahrscheinlich allen, die diesen Bericht lesen, unglaubhaft erscheinen, daß sich jemand in der Abgeschlossenheit einer Gefängniszelle in eine weit entfernt lebende Frau verlieben kann, die er nur von Fotos kennt. Und ich versichere Ihnen, daß ich mich in diesem Gefängnis mit einer Heftigkeit verliebt habe, die sich diejenigen, die in Freiheit leben, nicht einmal vorstellen können. Aber zu meinem Unglück hatte sich der Präsident, jener Misanthrop, jener einsame und extravagante und grausame Mann, ebenfalls verliebt, oder er gab wenigstens vor, es zu sein, und was dabei das Schlimmste war, ich hatte diese Liebe gefördert, war ihr Urheber, indem ich ihn glauben machte, die Briefe seien für ihn, nur um den Schriftwechsel aufrechtzuerhalten.

In meiner langen und angsterfüllten Abgeschlossenheit benutzte ich meine ganze Zeit dazu, sorgfältig den nächsten Brief vorzubereiten, den ich dem Präsidenten vorlesen würde, denn dieser erlaubte nicht, daß ich einen Brief zuerst für mich las und ihn dann übersetzte, sondern er verlangte, daß ich übersetzte, während ich las, und außerdem (sei es, weil er mir mißtraute oder weil es ihm Freude machte) ließ er mich den gleichen Brief drei- oder auch viermal hintereinander lesen. Ich bereitete auch die Antwort vor, die ich schreiben würde, indem ich jeden Satz ausfeilte und mir die größte Mühe gab, die ganze Poesie und Schönheit der schwedischen Sprache in sie zu legen, und manchmal fügte ich sogar kleine dichterische Werke von mir bei.

Um meine Briefe in die Länge zu ziehen, tat ich so, als ob die schöne Schwedin dem Präsidenten alle möglichen Fragen über die Geschichte, die Sitten und die politische Situation des Landes stellte, auf die er mir immer sehr gerne Antwort gab. Auf diese Weise diktierte er mir dann lange Episteln, erzählte von seiner Regierung und von der Opposition und von Staatsproblemen und bat seine Freundin um Rat. Daraus ergab sich, daß ich von einem Gefängnis aus der Regierung Ratschläge erteilte und das Geschick des Landes in meinen Händen hielt, ohne daß jemand, nicht einmal der Präsident, eine Ahnung davon hatte. So erreichte ich die Rückkehr von Männern, die des Landes verwiesen worden waren, wandelte Urteile um und befreite Kameraden aus dem Gefängnis, ohne daß diese es mir hätten danken können. Nur für einen konnte ich nichts tun: für mich selbst.

Eine der größten Freuden an den Diktiertagen war, das Bild von ihr ansehen zu können, das der Präsident aus einem Versteck hervorholte, um sich, wie er sagte, »zu inspirieren«. Ich bat sie, uns mehr Fotos zu senden, und sie tat es auch, obwohl diese verständlicherweise alle im Besitz des Präsidenten blieben. Meine Rache bestand dann in den vielen und wertvollen Geschenken, die er ihr schickte, die sie aber eher als Geschenke von mir empfand.

Doch eine große Angst war gleichzeitig mit meiner Liebe gewachsen, wenn ich nämlich an die ständig zunehmende Anzahl von Briefen im Schreibtisch des Präsidenten dachte, in denen er letztens nicht einmal mehr erwähnt wurde, und wenn dies einmal der Fall war, dann nur, um beschimpft zu werden. Mit jedem dieser Briefe war, sozusagen, mein Todesurteil bereits unterschrieben.

Wie man verstehen wird, herrschte das Thema der Freiheit in unserem Schriftwechsel vor. Wir hatten schon von jeher alle möglichen Pläne geschmiedet oder uns alle nur denkbaren Kriegslisten zurechtgelegt. Mein erster Versuch war ein Streik gewesen:

ich hatte mich geweigert, weiterhin Briefe zu übersetzen, wenn man mir nicht die Freiheit geben würde. Darauf wurde ich zu Wasser und Brot verurteilt und zu der noch größeren Marter, keine Briefe mehr von ihr lesen zu dürfen (die mir schon damals unentbehrlich geworden waren), das hatte meinen Willen gebrochen. Daraufhin schlug ich als Bedingung vor, daß man mir wenigstens die Rasur, das Bad und die saubere Kleidung regelmäßig gewähren solle und nicht nur an den Tagen, an denen ein Brief ankam (was nicht nur unpraktisch, sondern auch demütigend war), aber nicht einmal dies wurde mir gewährt, und so mußte ich mich bedingungslos ergeben.

Danach schlug sie vor, dem Präsidenten einen Besuch abzustatten, um meine Freilassung hier in die Wege zu leiten (ein Plan, der den Vorteil hatte, daß man dabei mit der festen Unterstützung des Präsidenten rechnen konnte, der sie schon seit einiger Zeit mit Ungeduld zu sich rief), aber ich stellte mich dem ganz entschieden entgegen, denn dieser Besuch würde zweifellos bedeuten, sie zu verlieren (und mich selbst möglicherweise auch). Mein Vorschlag dagegen, daß an ihrer Stelle eine andere Frau kommen solle, war von ihr als gefährlich und außerdem als unmöglich verworfen worden. Ein weiterer Plan von ihr, der beinahe hätte verwirklicht werden können, war, eine energische Eingabe von seiten meiner Regierung zu erwirken und notfalls einen Bruch der beiderseitigen Beziehungen herbeizuführen, aber ich machte sie gerade noch rechtzeitig darauf aufmerksam, daß eine solche Maßnahme meine Lage nicht verbessern, sondern beträchtlich verschlechtern, ja, daß man wahrscheinlich nie mehr etwas von mir hören würde. Ich zog eher den Versuch vor, die Beziehungen zwischen den beiden Ländern zu verbessern, die damals in einem jämmerlichen Zustand waren, aber sie hatte durchaus recht, wenn sie dagegen anführte: Wie könnte man denn die schwedische Regierung überzeugen, ihre Beziehungen zu einem anderen Staat wegen eines Landsmannes zu verbessern, der ungerechterweise im Gefängnis sitzt? Aber die tollste Idee hatte ein ihr befreundeter Rechtsanwalt, der, ohne darauf einzugehen, daß man mich grundlos verhaftet hatte, meine Auslieferung als Verbrecher verlangen wollte (wogegen ich Einwände erhob), denn wenn eine Anklage gegen mich vorläge, würde mich der Präsident augenblicklich töten lassen.

Man glaube aber nur nicht, daß wir die einzigen waren, die Pläne schmiedeten, denn alle Gefangenen (das ganze Land) verbrachten ihre Zeit damit, die verschiedensten und sich widersprechendsten Pläne auszuarbeiten: den Generalstreik, das Attentat auf den Präsidenten, die Volksfront, die Revolution, die Allianz mit der Regierung, die Rebellion, die Verschwörung unter den Höflingen, die Gewalt und den Terror, den passiven Widerstand, Vergiftungen, die Bombe, den Guerillakrieg, den Gerüchtekrieg, Gebete, die psychischen Mächte. Es gab sogar einen Gefangenen (einen Mathematikprofessor), der an einem recht verworrenen Plan arbeitete, die Regierung mit mathematischen Gesetzen zu stürzen (er sann über eine geheime, beinahe kosmische Organisation nach, die in geometrischer Proportion wachsen würde und die in wenigen Wochen schon die Einwohnerzahl des ganzen Landes erfassen würde, und wenige Tage später, wenn sie weiterhin wüchse, würde die gesamte Erdbevölkerung nicht einmal ausreichen, aber er rechnete dabei nicht mit ein, daß die Zahl derjenigen, die sich der Organisation nicht anschließen würden, ebenfalls in geometrischer Proportion wüchse).

Was mich angeht, so war eine neue Angst zu den anderen Ängsten hinzugekommen, und diese war, daß ich in den Augen des Präsidenten wegen des großen Geheimnisses, das ich bewahrte (neben den unzähligen kleineren Vertraulichkeiten), für ihn mit jedem Tag gefährlicher wurde. Wiewohl es richtig war, daß seine Liebe, echt oder vorgetäuscht, meine größte Garantie darstellte; denn er würde mich nicht umbringen lassen, solange er noch meine Dienste benötigte (aber diese Garantie beängstigte mich andererseits auch wieder, denn indem er meine Dienste brauchte, war es noch unwahrscheinlicher, daß er mich gehen ließ). Die Hoffnung, die ich anfangs gehegt hatte, daß ein Landsmann einmal nach hier finden würde, war jetzt zu meiner größten Angst geworden, denn der Präsident könnte ihm voller Stolz einen Brief vorzeigen, und mein Betrug wäre entdeckt.

Sie und ich waren also damit beschäftigt, einen neuen Plan

auszuarbeiten, der sich als wirksamer erweisen sollte, als plötzlich das geschah, was ich am meisten befürchtet und mit allen Mitteln zu vermeiden versucht hatte: Der Präsident war nicht mehr verliebt. Zu meinem Unglück handelte es sich dabei nicht um ein allmähliches Nachlassen seiner Liebe, sondern um ein ganz plötzliches, ohne daß ich überhaupt Zeit hatte, mich darauf vorzubereiten. Es war einfach so, daß die ankommenden Briefe nicht mehr beantwortet, sondern in den Papierkorb geworfen wurden, und man rief mich nur noch ab und zu, um aus Neugierde und Langeweile einen davon vorgelesen zu bekommen und mir danach eine kurze und kalte Antwort zu diktieren, die der Angelegenheit ein Ende machen sollte. In diese kurzen Briefe legte ich die ganze Verzweiflung und tödliche Angst meines Herzens, und in die Briefe, die ich noch das Glück hatte, dem Präsidenten vorlesen zu dürfen, legte ich die leidenschaftlichsten und feurigsten Liebesworte, die je eine Frau ausgesprochen haben mag, aber mit so geringem Erfolg, daß meine Vorlesung abgebrochen wurde, als ich noch kaum bis zur Hälfte des Briefes gelangt war. Der Höhepunkt meines Unglücks war, daß diese Briefe aus Vorwürfen gegen mich bestanden, weil ich ihr nicht geantwortet hatte, und sie äußerte Zweifel, ob ich überhaupt noch im Gefängnis sei, ja deutete sogar an, daß ich vielleicht überhaupt nie im Gefängnis gesessen hätte. Das letzte Mal, als man mich nicht einmal mehr im Gesellschaftsanzug in den Regierungspalast kommen ließ, als mir durch eine Wache direkt im Gefängnis ein wirklich endgültiger Abbruch der Beziehungen diktiert wurde, verstand ich, daß es mit ihr, meiner Freiheit und allem aus war, und ich schrieb meine letzten herzzerreißenden Abschiedsworte nieder.

Das übriggebliebene Papier und die Feder ließen sie mir in meiner Zelle zurück, ich vermute für den Fall, daß man noch einmal einen Brief von mir benötigte. Ob der Präsident mich nur deshalb nicht umbringen ließ, weil er mir dankbar war, oder mich für den Fall am Leben ließ, daß ihm wieder einmal jemand aus Schweden schreiben sollte, oder einfach, weil er mich vergessen hat, weiß ich nicht (und ich denke auch noch an die Möglichkeit, daß man ihn selbst getötet hat – obwohl das unwahrscheinlich ist –

und der jetzige Präsident ein anderes Double ist). Ich weiß ebenfalls nicht, ob sie mir weiterhin geschrieben hat oder ob auch sie mich vergessen hat, und ich habe den absurden und schrecklichen Gedanken, daß es sie gar nicht gegeben hat, sondern daß dies alles von irgendeinem Mitglied der Opposition im Exil angezettelt wurde, um sich über den Präsidenten lustig zu machen oder sich über mich lustig zu machen (oder auch, daß dies alles von dem Präsidenten selbst angestiftet wurde, der grausam und verrückt ist), und zwar dem Zwang gemäß, absurde Dinge zu denken, der sich schließlich auch bei mir im Gefängnis entwickelt hat. Ob du, Selma Borjesson, mich auch so wahnsinnig geliebt hast wie ich dich in diesem Gefängnis?

Seitdem ist viel Zeit vergangen, und ich habe wieder einmal die Hoffnung verloren, mich frei zu sehen, denn als die Regierungszeit des Präsidenten beendet war, hat dieser sich noch einmal wiedergewählt. Das Papier, das damals übriggeblieben war und jetzt keine Verwendung mehr findet, habe ich dazu benutzt, meine Geschichte aufzuschreiben. Ich schreibe auf schwedisch, damit sie der Präsident nicht versteht, falls die Aufzeichnungen einmal in seine Hände fallen sollten. Ich beende meinen Bericht hier, weil mir das Papier ausgeht und es vielleicht Jahre dauert, bis ich wieder welches bekomme (und vielleicht bleiben mir auch nur noch wenige Tage Leben). Falls der unwahrscheinliche Zufall eintreffen sollte, daß ein Landsmann von mir diese Seiten liest, bitte ich ihn, für die Freiheit von Erik Hjalmar Ossiannilsson einzutreten, falls ich zu der Zeit noch nicht gestorben bin.

ANMERKUNG

Ein Freund von mir, der in Haft war, fand dieses von der Feuchtigkeit fast schon zerstörte Manuskript im Gefängnis unter einem Backstein. Es scheint, daß es schon vor vielen Jahren geschrieben worden ist. Jahre später hat es uns ein schwedischer Vertreter der Telefongesellschaft Eriksson übersetzt. Wir haben jedoch keinerlei Hinweise auf die Person, die es geschrieben hat, finden können. Ich habe den Text so veröffentlicht, wie er mir übergeben wurde, und nur einige auf der Hand liegende redaktionelle und grammatikalische Korrekturen vorgenommen.

Deutsch von Helga Castellanos

Gespräch mit Ernesto Cardenal

Aufgezeichnet im Holzhaus des Dichters auf Solentiname von Anneliese Schwarzer de Ruiz und Hermann Schulz

Frage: Ernesto, wir wollen dieses Gespräch mit der Frage beginnen, welches die Ursachen für dich waren, auf diese Insel zu gehen. In Europa fasziniert dieses Exempel der Armut; es gibt aber auch Gruppen, die darin eine Flucht vor der politischen revolutionären Front der nicaraguanischen und lateinamerikanischen Wirklichkeit sehen.

Ernesto Cardenal: Man könnte sagen, daß es sich um eine Flucht aus der kapitalistischen Welt handelt. Wir sind unzufrieden mit dieser Welt, und ich glaube, es ist unser gutes Recht, uns von ihr zurückzuziehen und unser Leben auf andere Weise zu gestalten, auf eine nichtkapitalistische Weise. Man könnte auch sagen: Dies ist eine Flucht vor dem Kapitalismus. Von dieser monströsen Welt muß man sich einfach zurückziehen, von dieser Welt des Konsums, von dieser bourgeoisen Welt.

Das Leben eines Kontemplativen, eines Mönches, war immer eine Flucht vor der Welt. Aber es ist eine Flucht vor einer Welt voller Ungerechtigkeit, um eine bessere Welt vorzubereiten. An dem Tage, an dem es eine gerechte Welt gibt, eine Welt des vollkommenen Kommunismus – das heißt das Reich Gottes auf Erden, was für mich dasselbe ist –, an dem Tage ist es nicht mehr nötig, sich von der Gesellschaft zurückzuziehen. Der heilige Chrysostomus sagte, wenn die Städte christlich wären, brauchte man keine Klöster zu bauen. Aber solange diese neue Gesellschaft nicht besteht, glaube ich, haben wir das Recht, uns in kleine Gemeinschaften abzusondern, in Gruppen, die Zeichen des Protestes setzen. Ich meine nicht, daß es sich in unserem Fall um eine Flucht vor dem politischen Kampf handelt, denn wir setzen diesen Kampf ja hier fort. Eigentlich bin ich erst durch das kontemplative Leben zu einem politischen Menschen geworden. Die Meditation, das Sich-Vertiefen ins Mystische, hat mich politisch radikalisiert. In Wirklichkeit bin ich durch das Evangelium zur Revolution gekommen, also nicht durch Karl Marx, sondern durch Christus. Das Evangelium hat mich zum Marxisten gemacht.

Frage: Beschränkt sich dein Beispiel nicht nur auf dein Leben und das deiner Freunde hier, während das des Volkes unverändert bleibt? Es gibt für einen Revolutionär noch andere Alternativen: Vorlesungen an Universitäten zu halten oder sich hier in Nicaragua der FSLN anzuschließen, oder wo immer man einen größeren Wirkungsradius hat.

EC: Nun ja, jeder hat seine eigene Berufung. Meine Berufung ist die eines Dichters und Propheten und nicht die eines politischen Führers oder Lehrers. Und ich glaube, daß jeder nach seiner Berufung für die Befreiung kämpfen muß. Ein Kontemplativer hat durchaus seine politische Mission. Ich glaube, ein Kontemplativer, ein Mönch, und selbst ein Einsiedler, sind in Wirklichkeit Revolutionäre. Sie bewirken soziale Veränderung. Sie legen davon Zeugnis ab, daß es hinter den sozialen und politischen Wirklichkeiten und Veränderungen eine transzendente Wirklichkeit gibt, auch jenseits des Todes. Ich halte es für wichtig, daß es Menschen gibt, die die Menschheit daran erinnern, daß die Revolution nach dem Tode noch nicht zu Ende ist. Und daß die Menschheit auch für eine Hochzeit mit Gott geschaffen ist, nachdem sie zu ihrer wirklichen Volljährigkeit gelangt ist, das heißt ein einziger Leib wurde.

Im Augenblick ist die Menschheit wie ein Mädchen von 13 Jahren, das noch keine Sehnsucht nach Vereinigung hat; sie denkt, sie kann allein leben, sie hat kein Bedürfnis nach einem Gefährten. Aber wenn die Menschheit volljährig wird, wenn der soziale Organismus reif ist, dann fühlt sich die Menschheit vereinsamt und sehnt sich nach Begleitung. Und dann kommt der Bräutigam.

Jetzt sind wir, die Menschen, in einem Stadium, in dem wir die Notwendigkeit eines Liebhabers noch nicht spüren. Die Kontemplativen sind wie Hormone, die den Reifungsprozeß fördern. Sie lassen den Organismus reifen und erinnern den Körper daran, daß eines Tages die Vereinigung, die Ehe, stattfinden wird. Im Augenblick ist es das wichtigste, daß die Gesellschaft heranreift, sich entwickelt, daß sie zu einem Leib wird. Wir bauen die Menschheit auf. Aber die Revolution ist damit nicht zu Ende. Die Revolution findet statt, damit die Menschheit reif für diese Hochzeit wird.

Frage: Ernesto, könntest du ein Resümee der ersten sieben Jahre in Solentiname, das heißt dieser Kommune, ziehen?

EC: Eine so persönliche Frage kann ich nicht aus dem Stegreif beantworten, das möchte ich gerne in Ruhe niederschreiben. Ich werde so leicht verlegen, wenn ich von mir selbst sprechen muß.

(Hier die später nachgereichte Darstellung Cardenals.)

Wir kamen 1966 zu dritt nach Solentiname, William Agudelo, Carlos Alberto und ich. William und Carlos Alberto waren wie ich im Priesterseminar in Kolumbien gewesen, wollten dann aber doch keine Priester werden. Nun wollten sie mit mir zusammen die Lebensweise in einer Kommune versuchen.

Als wir ankamen, war hier nur Urwald und verfilztes Buschwerk. Von dort aus, wo heute die Gebäude stehen, konnte man nicht einmal den See sehen. Wir rodeten mit Äxten und Macheten, und langsam öffnete sich uns eine herrliche Aussicht auf den See und die umliegenden Inseln. Ich hatte dieses Grundstück schon einige Zeit vorher mit dem Geld eines Literaturpreises und mit Hilfen von Freunden und Verwandten gekauft. Mit dem Geld konnten wir auch die Hütten bauen. Das erste Gebäude aber war das Fertighaus (aus Holz), in dem wir heute noch wohnen. Es war von einer Firma bei einer Verlosung als Preis ausgesetzt, den aber niemand abholte. Die Firma schenkte es uns. Es wurde mühsam in Einzelteilen von Managua hierhergebracht und zusammengebaut. Eigentlich sollte dieses Haus nur für Besucher sein, weil es uns zu luxuriös war. Wir wollten in genauso einfachen, strohbedeckten Häusern leben wie die Bauern hier. Aber aus Geldmangel konnten wir zu Anfang kein zweites Haus bauen und wohnten so immer gemeinsam mit den Besuchern. Inzwischen ist aber ein weiteres einfaches Holzhäuschen mit Strohdach fertig, so daß wir das Fertighaus für Besucher freimachen können. Es ist paradox, daß wir aus Geldmangel nicht früher in eine ärmere Wohnung ziehen konnten.

Als zweites Gebäude entstand das, was wir das »große Haus« nennen, ein großer Gemeinschaftsraum für Zusammenkünfte der Kommune. Dies Haus sollte ein Strohdach bekommen, aber auch hier war es paradox, daß ein so großes Strohdach viel mehr gekostet hätte als ein Wellblechdach. In Solentiname ist gutes Stroh für Dächer knapp. Aber eines Tages wird auch dieses Haus ein Strohdach haben und sich so der Landschaft besser anpassen.

Carlos Alberto blieb nicht lange hier, weil er spürte, daß er zu diesem Leben nicht berufen war. Später ging auch William, um Teresita zu heiraten, weil auch er fand, daß er für das mönchische Leben nicht geschaffen ist. Ich fand seine Idee, zu heiraten, gut und änderte meinen ursprünglichen Plan, eine nur aus »Mönchen« im traditionellen Sinne bestehende Gemeinschaft zu gründen. Thomas Merton schrieb mir damals, die Idee, auch Ehepaare anzunehmen, könne eine Bereicherung und Belebung des mönchischen Lebens bedeuten. Unser Leben hier ist allerdings auch nicht mönchisch im herkömmlichen Sinne des Wortes. Wir sind dabei, eine neue Lebensform, die zu uns paßt, zu erfinden, das ist alles. Aber vielleicht würde Merton auch das als eine Belebung des mönchischen Lebens angesehen haben. Ich könnte mir denken, daß er das gesagt haben würde, aber ich bin nicht sicher.

Am Anfang versuchten wir, uns durch Ackerbau zu ernähren. Aber hier ist es fast unmöglich, von dem, was die Erde gibt, zu leben. Es sei denn, auf dem unvorstellbar miserablen Niveau der Bauern dieser Gegend. Wir hätten noch schlechter leben müssen als sie, weil wir körperlich gar nicht in der Lage waren, so hart zu arbeiten.

Solange unser wirtschaftliches System, das die Arbeiter und vor allem die Bauern ausbeutet und systematisch unterentwickelt hält, sich nicht ändert, kann das Leben der Landbewohner nur unmenschlich, fast möchte ich sagen untermenschlich, genannt werden. Zu unserem Leidwesen mußten wir also die Landwirtschaft fast ganz aufgeben. Wir haben uns auf die Herstellung kunstgewerblicher Gegenstände umgestellt und auch die Bauern für diese

Arbeit interessiert, um ihnen ein paar zusätzliche Einkünfte neben denen von Reis und Bohnen zu verschaffen. Wenn wir einen besseren Markt in Managua oder im Ausland hätten, könnte diese Arbeit eine wirkliche Hilfe für sie sein.

Aber der Verkauf unserer Produkte wird, seitdem ich anfing, das Kuba-Regime zu verteidigen, immer schwieriger. Die meisten Leute, die uns anfangs noch halfen, zogen sich zurück. Nur noch wenige helfen uns weiter. Auch die Regierung übt einigen Druck in der Richtung aus. Als ich Fidel Castro bei meinem Besuch in Kuba davon erzählte, sagte er: »Das ist für uns nichts Neues. Sobald man sich sozialistisch erklärt, wird einem der Boykott angehängt.«

Unsere Gemeinschaft, oder besser unsere Kommune – dieser Ausdruck paßt besser zu unserer Gruppe, und so nennen wir uns jetzt auch –, ist sehr klein, aber ich möchte auch nicht, daß sie größer wird. Ich habe überhaupt kein organisatorisches Talent und würde mit den praktischen Aspekten einer größeren Gruppe nicht mehr fertig. Um der Gruppe einen größeren Kommunikationsradius zu geben, wäre aber, vor allem im Hinblick auf William und Teresita, ein weiteres Ehepaar nötig. Es müßte aber ein Ehepaar mit so außergewöhnlichen Eigenschaften und Fähigkeiten sein, wie William und Teresita sie haben. Im Augenblick gehören außer den beiden und mir noch drei Jungen aus Solentinamer Bauernfamilien – Alejandro, Laureano und Elvis – zur Kommune. In Kürze erwarten wir einen jungen Mann, dessen Vater in Managua Millionär ist. Mit diesem jungen Mann und einem weiteren Ehepaar wäre unsere Kommune zunächst komplett.

Frage: Ernesto, du hast in den letzten beiden Jahren Gelegenheit gehabt, nach Chile, Peru und Kuba zu reisen. Die Tatsache, daß man dir diese Ausreise nach Kuba gestattet hat, paßt nicht in die europäischen Vorstellungen von einer Diktatur, es sei denn, man hoffte, du würdest dort bleiben.

Danach hast du Vorträge über Kuba an den Universitäten gehalten. Wir konnten feststellen, daß dein Einfluß in der Öffentlichkeit seitdem stark gewachsen ist. Was hast du nach deinen

Kuba- und Chileerfahrungen der Jugend Nicaraguas und vielleicht auch der Jugend Europas, die deine Bücher kennt, zu sagen?

Hat sich dein Begriff von Revolution gewandelt? Wir haben den Eindruck, daß du früher überzeugter Pazifist warst, während du heute mit den Guerillagruppen sympathisiert und ihre Strategie gutheißt.

EC: Die Regierung Nicaraguas hat mir nicht erlaubt, nach Kuba zu reisen. Ich beantragte ein Visum für Mexiko und flog von dort nach Kuba. Die Regierung Nicaraguas erlaubt keinem, nach Kuba zu reisen. Wenn jemand Kuba besuchen will, muß er es heimlich tun, und wenn die Regierung davon erfährt, wird er eingesperrt und verhört. Bei mir wagten sie das nicht, weil ich ein Poet bin, der in anderen Ländern ziemlich bekannt ist, und auch, weil ich Priester bin. Nachträglich mußten sie einfach tolerieren, daß ich in Kuba war.

Die Frage, was ich der Jugend nach diesen Erfahrungen zu sagen habe, habe ich praktisch mit meinem Buch »In Kuba« beantwortet. Es war eigentlich nicht geplant, dieses Buch zu schreiben. Vorher hatte ich eher an eine Reportage oder eine Artikelserie gedacht. Ich hatte mir auch vorgestellt, daß ich viel Schlechtes über Kuba zu berichten haben würde. Ich erwartete in Kuba eine Diktatur, Autoritarismus und Despotismus, eben all das, was die Propaganda von Kuba zu berichten weiß. Natürlich hoffte ich auch einiges zu finden, was man positiv bewerten könnte. Aber dann war dieser Besuch von einschneidender Bedeutung für mich, und ich schrieb das Buch. Mir wurde klar, daß der Marxismus die einzige Lösung für Lateinamerika ist. Nicht nur die Tage, die ich in Kuba verbrachte, waren wie eine Erleuchtung für mich, sondern ebenso die Zeit danach, während ich diese Erfahrungen verarbeitete. Dazu beigetragen haben auch neue Bücher, die ich las, Gespräche, die ich mit den Besuchern in Solentiname führte. Und hierher kommen fast nur Revolutionäre, Revolutionäre aus verschiedenen Ländern Europas, aus den USA und Lateinamerika. Durch dies alles wurden ich und auch die anderen Mitglieder der Kommune noch radikaler in unserer politischen Haltung. Das muß auch im Zusammenhang mit der politischen Entwicklung in Chile, in Peru und mit den Erfahrungen der revolutionären Gruppen anderer Länder Lateinamerikas gesehen werden. Der Wandel, den wir in unseren Anschauungen durchmachten, ist der gleiche Wandel, der sich in ganz Lateinamerika vollzieht, nämlich eine Wendung zur Linken, zur extremen Linken. Das betrifft die Intellektuellen, die Jugend und selbst die Kirchen, einschließlich der Bischöfe. Wir wandeln uns im Gleichmaß mit der Geschichte und den sozialen Verhältnissen. Auch die USA sind in diesen Prozeß eingeschlossen. Wir sind ganz einfach in Übereinstimmung mit den aktuellen Gegebenheiten, mit Mentalitätsveränderungen, die die ganze Welt durchmacht, alle Jugendlichen, die ja die neue Welt und die Zukunft verkörpern.

Frage: Ernesto, ist es in dieser Situation besser, Bewußtseinsbildung zu betreiben oder die offene Rebellion anzustreben?

EC: Ich glaube, alle lateinamerikanischen Revolutionäre sind der Meinung, daß eine friedliche Revolution vorzuziehen ist. Fidel Castro sagte in Chile, Gewalt solle nur im Extremfall angewendet werden, und eine friedliche Revolution sei besser. Das war auch die politische Praxis Mao Tse-Tungs in China. Der wirkliche Revolutionär ist ein Feind der Gewalt, er will das Leben und nicht den Tod.

Aber es kann der Fall eintreten, daß die Revolution gewalttätig sein muß. Manchmal muß sie Gewalt benutzen, weil die Machthaber die Macht nicht freiwillig hergeben, das heißt dem Volk übergeben. Und diese Gewalt ist vollkommen gerechtfertigt. Das ist das Recht auf Widerstand, das auch die Kirche immer allen Völkern zugestanden hat. Ich meine damit nicht den Begriff vom »gerechten Krieg«; den kann es vielleicht heute nicht mehr geben. Aber der Befreiungskampf und der Widerstand eines Volkes kann nicht nur gerecht sein, sondern ist immer gerecht. Er kann gar nicht anders als gerecht sein. Eine Befreiung kann nicht ungerecht sein, sie ist immer gerecht.

Frage: Aber wärst du fähig, ein Gewehr in die Hand zu nehmen und auf Menschen zu schießen?

EC: Es kann Situationen geben, in denen es Pflicht ist zu schießen. Ich habe noch nie ein Gewehr angelegt, nicht einmal auf einen Vogel. Aber um einen Unschuldigen zu verteidigen, wäre es meine Pflicht, es zu tun. Es wäre gegen meine innere Haltung, gegen meine Idiosynkrasie. Ich müßte meine Natur vergewaltigen, um das zu tun. Aber selbst Gandhi sagte, Gewalt sei der Feigheit vorzuziehen, der Feigheit der Zusammenarbeit mit dem Feind. Gewaltlosigkeit ist besser als Gewalt, aber Gewalt ist besser als Feigheit.

In Wirklichkeit nahm ich früher eine anarchistische Haltung ein. Auch jetzt bin ich noch Anarchist, aber ich glaube, daß eine anarchistische Gesellschaft erst nach einer sozialistischen Gesellschaft möglich ist, wenn der Staat nicht mehr existiert. Doch im Augenblick müssen wir erst durch die Etappe des sozialistischen Staates. Früher habe ich das nicht so gesehen; ich überzeugte mich, daß ein sozialistischer Staat möglich ist, besser gesagt: Ich überzeugte mich nach meiner Kuba-Reise davon, daß der sozialistische Staat geschaffen werden kann. Kuba hat den Sozialismus in die Praxis umgesetzt und damit bewiesen, daß der Sozialismus die Lösung ist, die dem gesamten Volk zugute kommt.

Frage: Die Jugend in Europa ist heute in einem Stadium der Resignation. Sie hat sich mit den politischen und ökonomischen Verhältnissen in den Ländern der Dritten Welt auseinandergesetzt, betreibt Informationsarbeit in der Öffentlichkeit und versucht, auf die Regierenden der Industrienationen einzuwirken, ihre Entwicklungspolitik zu ändern, Zölle abzubauen, zinsarme oder zinslose Kredite zu geben. Das ist ein langer ermüdender Marsch durch die Institutionen. Viele wollen wissen, was sie jetzt und sofort und konkret tun können, um Hunger, Krankheit und Verelendung abzuschaffen oder zu lindern.

Wenn eine Veränderung der Strukturen notwendig ist, welche Aufgabe hat dann der einzelne?

EC: Ich meine, daß die Jugend auf keinen Fall resignieren darf, sondern weiterkämpfen muß. Denn überall auf der Welt sind die kapitalistischen Strukturen schon in Gefahr, einzustürzen. Selbst in den Vereinigten Staaten schreitet die Revolution immer weiter fort. Es gibt dort eine Jugend, die mitten im Kampf um die Veränderung des Systems ist. Vielleicht wird sich auf ganz natürliche Weise, indem die Alten sterben und die Jungen nachrücken, das System ändern. Vielleicht ist so ein Systemwechsel ohne Gewaltanwendung selbst in einem Staat wie den USA möglich.

Jugendliche aus Europa könnten ja auch in die Länder der Dritten Welt kommen. Viele Jugendliche aus den Industrienationen, aus den europäischen Ländern und den USA sind nach Kuba und in andere Länder gegangen, um dort eine Zeitlang zu arbeiten oder für immer zu bleiben.

Frage: Gewinnen sie damit aber Einfluß auf ihre eigenen Regierungen?

EC: Nun ja, jeder Revolutionär kämpft dort, wo gerade sein Platz ist. Die Revolution ist ja die Sache der ganzen Welt, es ist eine einzige, weltumfassende Revolution. Man kämpft in Vietnam, man kämpft in unseren lateinamerikanischen Ländern, und man kämpft zum Beispiel auch in Deutschland. Wir alle wollen schnelle Resultate sehen, aber der lange Marsch ist kein Grund zur Resignation. In Vietnam haben sie nach zwanzig Jahren den Mut nicht verloren.

Frage: Was kann aber nun der einzelne innerhalb der Strukturen tun? Wenn jemand zum Beispiel Familie und Kinder hat, sehen die Möglichkeiten des politischen Kampfes anders aus. Ohne Anpassung an das System gibt es kaum Chancen zu überleben.

EC: Ich glaube, es gibt viele Möglichkeiten, die Strukturen zu unterwandern, jeder an dem Platz, wo er gerade steht: Bücher veröffentlichen, in Schulen unterrichten, Informationsarbeit betreiben. In jedem Beruf gibt es Möglichkeiten, seine Umwelt zu beeinflussen. Ich glaube, jeder hat seine speziellen Möglichkeiten, für die Revolution zu kämpfen. Wenn das am Arbeitsplatz nicht möglich ist, kann man immer noch im Familien- und Freundeskreis miteinander reden, kann andere wachrütteln durch Bücher und Zeitschriften. Besonders wichtig ist die Erziehung der Kinder.

Das ist der Bau des Reiches Gottes, und jeder kann in irgendeiner Form etwas dazu beitragen, auch wenn es ein ganz bescheidener Beitrag ist. Nicht jeder kann ein Che Guevara sein. Viele, die einen bescheidenen Beitrag leisten, gehören nicht weniger zur Revolution als die großen politischen Führer.

Frage: Was sind deiner Meinung nach die wesentlichen Merkmale des Neuen Menschen, den der Sozialismus hervorbringt oder hervorbringen will?

EC: Der Neue Mensch ist der Mensch ohne Egoismus, der solidarische Mensch, der für seinen Nächsten lebt, der dafür lebt, seinem Nächsten zu dienen; es ist der Mensch einer sozialistischen Gesellschaft, in der der Mensch den Menschen nicht mehr ausbeutet, in der der Wert eines Menschen nicht mehr nach dem gemessen wird, was er einem anderen wegnimmt, sondern nach dem, was er einem anderen gibt. In Kuba werden die Kinder im Geiste Che Guevaras erzogen, das heißt im Geist der Nächstenliebe. Und ich glaube, in der kubanischen Jugend sieht man schon sehr deutlich diesen Typ des Neuen Menschen. Man sagt dort, der Prototyp des Neuen Menschen war Che Guevara; er ist Vorbild für die kubanischen Kinder. Che Guevara war ein Mensch, der keinen Egoismus kannte. In meinem Buch über Kuba habe ich viele Anekdoten vom Che erzählt, Anekdoten von der Heiligkeit des Che. Der Neue Mensch in Kuba ist der gleiche Neue Mensch, von dem auch im Neuen Testament die Rede ist, der neue christliche Mensch.

Frage: Du weißt, daß die Kirchen und auch die Regierungen Europas Hilfsprogramme für die Dritte Welt haben. Welchen Sinn haben in deinen Augen diese Entwicklungsprogramme, und mit welchen Projekten kann am besten geholfen werden, ohne daß sich damit überholte Strukturen noch festigen?

Was denkst du in diesem Zusammenhang über die Theorien Ivan Illichs?

EC: Ich glaube, daß den Ländern der Dritten Welt nur geholfen werden kann, indem man die Strukturen der Ausbeutung zerschlägt, die kapitalistischen Strukturen. Der einzige Weg, aus der Unterentwicklung herauszukommen, ist der Sozialismus. Alle anderen Hilfsmaßnahmen sind nur Flickwerk, kleine Pflaster, die aber dem Übel nicht an die Wurzeln gehen. In Nicaragua zum Beispiel gibt es ein Hilfswerk, das von einem Priester geleitet wird und »Haus meines Bruders« heißt. Es will Häuser für Obdachlose bauen (allein in Managua im Sommer 1972: 60 000 Obdachlose). Bisher wurde erst ein Haus fertig, weil keine Mittel mehr da sind. Das Ziel ist, 50 Häuser fertigzustellen. Aber selbst wenn man 100 oder 500 baute, wäre das Grundproblem damit nicht gelöst. Denn es sind allein die Besitzverhältnisse in diesem Land, die bewirken, daß es Obdachlose gibt. Der Kapitalismus produziert am laufenden Band Arme. Anstatt den Armen zu helfen, sollte man vermeiden, daß Arme produziert werden.

Natürlich kenne ich die Theorien Ivan Illichs und halte sie für sehr wichtig. In Peru fängt man bereits an, sie in die Praxis umzusetzen. Die Schulreform der peruanischen Revolution ist eindeutig von Ivan Illich inspiriert, ebenso von Paulo Freire. Das Gesetz dieser Schulreform, das ich hier liegen habe, ist sehr fortschrittlich, wahrscheinlich das fortschrittlichste der Welt; fortschrittlicher, glaube ich, als die Erziehungssysteme in Kuba oder China. Ich denke vor allem an die außerschulische Erziehung, für die Illich sich ja sehr einsetzt. Im Augenblick ist sie in Peru nicht vollständig in die Praxis umgesetzt, aber man arbeitet darauf hin, also auf eine Bildung ohne Schule. Alle sollen Lehrer, alle sollen Schüler sein. Diese Idee ist nicht leicht zu verwirklichen. Aber in Peru versucht man schon, alle sozialen Einrichtungen irgendwie als Bildungszentren zu benutzen, nicht nur die Schulen. Zum Beispiel Kinos, Parkplätze oder Tankstellen, Sportstadien, Krankenhäuser, alle nur möglichen öffentlichen Einrichtungen sollen als Versammlungsstätten und Bildungsmedien nutzbar gemacht werden: zum Erlernen von Sprachen, von Musik oder der Praxis aller möglichen Berufe. Ebenso werden sie für akademische Kurse benutzt. Und die Erziehung soll sich nicht nur auf die Kinder beschränken, sondern auch die Erwachsenen mit einschließen. Kinder sollen von Erwachsenen und Erwachsene von Kindern lernen, in einem lebenslangen Lernprozeß. Jeder Mensch kann etwas lernen und gleichzeitig anderes weitergeben. Ein Arbeiter kann die ihm geläufigen Handgriffe weitergeben und dabei von anderen theoretisches Wissen erwerben. Jeder weiß etwas, das andere nicht wissen. In unseren unterentwickelten Ländern können selbst Marginale (Randgruppen der Gesellschaft) Wissen weitergeben. Marginale oder einfache Landbewohner wissen zum Beispiel, wie man die Heilkräfte der Kräuter nutzt, einen Schlangenbiß behandelt oder einen Rancho baut, Dinge also, die ein Akademiker nicht weiß. Alles Wissen sollte festgehalten und weitergegeben werden, besonders auch das Wissen um jene praktischen Dinge, das in herkömmlichen Schulen nicht vermittelt wird. Außerdem soll es Pflicht für alle Akademiker sein, ein Handwerk zu erlernen. Keiner soll nur Arbeiter oder nur Intellektueller sein; alle sollen gleichzeitig Hand- und Kopfarbeit leisten. Das gleiche Ziel haben auch Fidel in Kuba und Mao in China.

Frage: Wenn das Mein und das Dein, das heißt der Privatbesitz, die Wurzel allen Übels ist, wie du in deinem Buch über Kuba sagst, wären dann nicht auch Ehe und Zölibat ein Übel, da beide ihren Ursprung im Privatbesitz und in hierarchischen Strukturen haben?

EC: Im Grunde ist das nicht meine eigene Aussage, sondern die der Kirchenväter. Und nach den Lehren des Marxismus ist der ungerechte Privatbesitz nur der Besitz von Produktionsmitteln, nicht aber der Besitz von Konsumgütern. In der Sowjetunion und in Kuba kann man durchaus sein eigenes Haus und seinen eigenen Wagen haben und alle Dinge des persönlichen Gebrauchs. Aber man darf zum Beispiel keine Eisenbahn oder Fabrik besitzen, denn das bedeutet Menschen besitzen und abhängig halten.

Frage: Ist aber nicht in der herkömmlichen Ehe die gleiche Struktur anzutreffen, da für den Mann normalerweise Frau und Kinder sowohl Konsumgut als auch Produktionsmittel sind?

EC: Ohne Zweifel muß im Sozialismus ein neuer Typ von Familie geschaffen werden; die Ehe muß eine Partnerschaft auf gleichberechtigter Basis werden, das ist ja auch der unverfälschte christliche Sinn der Ehe.

Das Zölibat ist ein Verzicht auf die individuelle Ehe, um sich mit der ganzen Menschheit verheiraten zu können. Daß das nicht für alle Priester obligatorisch sein sollte, liegt auf der Hand. Ich glaube, der Entschluß zum Zölibat muß eine freie Entscheidung sein. Aber ich glaube auch, daß das Zölibat nützlich und ratsam ist, sowohl für den Priester als auch für den Revolutionär; aus praktischen und ideellen Gründen, um sich besser auf seine Aufgabe konzentrieren zu können, um besser der Gemeinschaft dienen zu können. Deshalb ist das Zölibat etwas Revolutionäres. Ich glaube, das hat auch Fidel in seinem Gespräch mit mir gemeint, als er sagte, die Eigenschaften eines guten Revolutionärs seien auch die Eigenschaften eines guten Priesters.

Frage: Auf welche Weise könnte deiner Meinung nach eine neue Form der Familie gefunden werden?

EC: Zunächst einmal muß auch die Frau sich befreien. In einer Revolution ist die Frau frei. In Kuba ist die Befreiung der Frau schon verwirklicht. Dort arbeiten die Frauen im allgemeinen, und das schafft die Basis für ihre Gleichberechtigung mit den Männern.

In Lateinamerika und anderswo verlangt das System, daß der Mann das Brot nach Hause bringt. Die Frau ist ausschließlich eine Hausdienerin, und dadurch nimmt der Mann auf ganz natürliche Weise eine bevorzugte Stellung ein, in den meisten Fällen die Stellung des Ausbeuters, wenngleich er selbst auch ausgebeutet wird. Aber wenn die Frau arbeitet, trägt sie wie der Mann zum Unterhalt der Familie bei. Im sozialistischen Staat übernimmt die

Öffentlichkeit die sogenannten häuslichen Dienste wie Kochen, Waschen oder Kinder erziehen. Damit sind die Grundlagen zur Befreiung der Frau geschaffen, auf die der innere Prozeß des Verhältnisses der Geschlechter zueinander folgen muß.

Frage: Wie kann der Sozialismus den Neuen Menschen schaffen, wenn zweitausend Jahre Christentum das nicht erreicht haben? In deinem Kuba-Buch sagst du, das Argument, der Sozialismus sei utopisch, könne man auch den Christen entgegenhalten. Aber eine zum Christentum gezwungene Menschheit bringt keine guten Christen hervor. Wird der Sozialismus unter Zwang den Neuen Menschen hervorbringen können?

EC: Ich glaube, das ist umgekehrt. Es ist das System, das den Menschen verdorben hat. Wir leben in einem System, in dem wir nicht gut sein können. Wir müssen andere ausbeuten, um zu überleben. Im Kapitalismus ist man entweder Ausbeuter oder Ausgebeuteter oder beides. Wenn einer nicht ausgebeutet werden will, so muß er ausbeuten, da gibt es keine Alternative. Oft ist der Kapitalist ein guter Mensch. Selbst Karl Marx sagt, der Kapitalist an sich sei nicht schlecht. Es mag schlechte Menschen unter den Kapitalisten geben, aber normalerweise ist der Kapitalist ein guter Familienvater, der keinem übel will. Aber er lebt in einem System, in dem er ausbeuten muß, indem er den Arbeitern den Mehrwert kürzt. Erst mit der Abschaffung dieses Systems können sich die guten Instinkte des Menschen entfalten. In Wirklichkeit tendiert der Mensch zum Guten. Er hat auch eine Tendenz zum Schlechten, aber im Grunde ist der Mensch gut. Das ist durch die Gnade Christi dokumentiert. Das Christentum hat nur darum den Neuen Menschen nicht schaffen können, weil es ihm nicht gelungen ist, die Strukturen zu verändern. Teilweise hat es sie sogar mitgeschaffen, weil es Komplize der Mächtigen wurde. Von Konstantin bis heute hat die Kirche mit den Staaten paktiert, aber das ist nur eine Etappe des Christentums; vergessen wir nicht, daß die ersten Christen die besten Christen waren: nämlich revolutionäre und subversive Christen.

Dann aber wollten die kirchlichen Hierarchien an der Macht teilhaben. Trotzdem glaube ich, daß das Christentum den Menschen verwandelt hat; das Individuum, wenn auch nicht die Gesellschaft. Und jetzt brauchen wir einen Strukturwandel, eine gesellschaftliche Veränderung. Ich glaube, das Christentum hat eine große Aufgabe vollbracht, indem es den Menschen als Individuum veränderte.

Auch der Marxismus ist eine Frucht des Christentums. Ohne das Christentum wäre der Marxismus nicht möglich; und Marx ohne die Propheten des Alten Testaments nicht denkbar. Mit der Veränderung des Produktionssystems kann man den Neuen Menschen des Evangeliums endgültig schaffen; in der veränderten Gesellschaft kann man dem Evangelium leben: nicht nur auf der individuellen, sondern auch auf der sozialen Ebene. Wir müssen jetzt die Gesellschaft verändern, das heißt, die letzte Frucht des Evangeliums einbringen.

Frage: Spricht nicht das 10. Gebot »Du sollst nicht begehren ...« eindeutig gegen die Interessen der Armen und für die Interessen der Reichen? Die Zehn Gebote werden leider immer noch als Argument für die kapitalistischen Strukturen benutzt.

EC: Die Zehn Gebote haben alle eine soziale Grundlage und schützen Eigentum und Recht des einzelnen, des Nächsten. Wenn die Ausgebeuteten die Veränderung der Strukturen fordern, begehren sie nicht das Eigentum der anderen, sondern das, was ihnen eigentlich gehört. Die Kapitalisten haben kein Recht, das zu besitzen, was sie haben. Sie haben sich der Güter der anderen bemächtigt: das ist Raub. Es geht ja nicht um ihre persönlichen Gebrauchsgegenstände, sondern um Kapital, Produktionsmittel und Grundbesitz, um die Erde, die der Kapitalist nicht selbst bearbeitet. Von der Erde ist alles andere gekommen. Das erste, was es gab, war der Besitz der Erde – und sie wurde gestohlen. Ein Feudalherr hat sein Land ja nicht selbst produziert, sondern hat es jenen weggenommen, die auf ihm wohnten. Dieser Reichtum war es, der sich später in industriellen Reichtum verwandelte, zu Beginn des Industriezeitalters. Landbesitz wurde zu Fabriken. Alles geht auf die Erde zurück.

Und was die Zehn Gebote angeht: seit Christus gelten sie ja nicht mehr für uns. Er gab uns das Gebot der Liebe. In Israel haben die Zehn Gebote früher eine Funktion erfüllt; und es war eine soziale Funktion. Der mexikanische Jesuit José P. Miranda sagt in seinem Buch »Marx und die Bibel«, daß die Zehn Gebote marxistisch seien, selbst das erste Gebot, Gott zu lieben. Jehova über alle Dinge zu lieben, bedeutet für ihn Gerechtigkeit. Jehova ist die zukünftige Befreiung. Das ist es, was alle Menschen über alle Dinge lieben sollen. Und so seien auch alle anderen Gebote gegen die Ausbeutung gerichtet, die Ausbeutung in der Familie, die sexuelle Ausbeutung und die, die sich auf den Besitz bezieht. Wenn die Kirche jemals etwas anderes behauptet hat, so ist das eine Ungeheuerlichkeit.

Frage: Kommt diese Neubesinnung der Kirche auf ihre eigentliche Bestimmung nicht etwas spät?

EC: Gewiß, aber man muß unterscheiden zwischen der Kirche als Institution und der Kirche, die alle Menschen umfaßt. Denn wir wissen nicht, was die Kirche ist. Ich glaube, daß auch die Kommunisten zur Kirche gehören. Der heilige Augustinus sagte, seit Anbeginn der Welt habe es Christen gegeben, auch wenn sie sich nicht so nannten. Ich glaube, die wirkliche Kirche Christi schließt viele ein, die sich selbst nicht als Christen verstehen, selbst jene, die sich als Atheisten fühlen. Viele von ihnen gehören eher zur Kirche als manche, die in der Römischen Kurie sitzen.

So ist es eine der Aufgaben des Christen, gegen eine Kirche zu arbeiten, die hinter überfälligen Entwicklungen herhinkt. Wir müssen die Finger auf die Wunden legen. Die Heiligen in der Geschichte der Kirche haben immer gegen die Prostitution der Kirche gekämpft. Der heilige Bernhard sagte, daß die Bischöfe, die im Reichtum lebten, aus der Braut Christi eine Hure gemacht hätten, eine Nutte könnte man sagen. Journalisten in Lima (Peru) haben an Ivan Illich die gleiche Frage gerichtet, und er verursachte fast einen Skandal mit der Antwort, wir Christen seien gleichzeitig Kinder einer Jungfrau und einer Nutte. Ich glaube, seine Antwort ist richtig.

Seit Konstantin hat sich die Kirche immer wieder mit dem Kapital ins Bett gelegt. Das müssen wir heute festhalten und anklagen, das müssen wir diffamieren. Wenn Christen und Marxisten gegenseitig ihre Schriften lesen würden, gäbe es heute keine Konflikte zwischen Christen und Sozialisten. Aber das scheiterte bisher an Unduldsamkeit und mangelnder Kommunikation. Hätte der so kluge und kultivierte Papst Leo XIII. Marx gelesen, bevor er seine Enzyklika schrieb – und immerhin gab es Marx schon seit 50 Jahren –, hätte sich das Verhältnis zwischen Christen und Marxisten vielleicht anders entwickelt.

Wenn wir nun heute sehen, daß irgendeine Lehre der Kirche gegen das Evangelium ist, so dürfen wir sie nicht befolgen, sondern müssen allein unserem Gewissen folgen. Und wenn Arbeiterpriester und Revolutionäre für die Zukunft arbeiten, dann folgen sie ihrem Gewissen. Mir scheint, daß diese fortschrittlichste Gruppe der Kirche unmittelbar vom Heiligen Geist inspiriert ist. Der Heilige Geist ist immer fortschrittlich.

Frage: Jene Staaten, die eine neue Gesellschaftsform aufbauen, haben häufig Schwierigkeiten mit dem Begriff der Freiheit, so wie er bis heute verstanden wird. Selten gestehen sie dem Individuum einen eigenen Wirkungskreis zu. Glaubst du, daß unser Begriff von Freiheit überholt ist, oder kann es sein, daß diese Gesellschaft eine Zeitspanne der Entwicklung als Selbstschutz braucht und daß man Freiheitsbeschränkungen in sozialistischen Staaten unter diesem Gesichtspunkt sehen muß?

EC: Ich glaube, daß das zuletzt Gesagte richtig ist. Die einzige Freiheit im Sozialismus, die es nicht gibt – und ich spreche von Kuba, das ich persönlich kenne –, ist die Freiheit, andere Menschen auszubeuten, die bürgerliche Freiheit also, die Freiheit des Kapitalismus, die Freiheit des Geldes. Dort gibt es wirkliche persönliche Freiheit in dem Sinne, daß der Mensch frei wird von der Tyrannei des Geldes. In Kuba braucht keine Frau als Prostituierte auf die Straße zu gehen, keiner muß seine Arbeitskraft oder die seiner Kinder verkaufen. Pressefreiheit zum Beispiel gibt es nicht, aber ich glaube auch nicht, daß das viel mit Freiheit zu tun hat. Die kapitalistische Presse ist ein Meinungsmonopol. Das ist keine Freiheit. In Kuba gibt es durchaus ausreichend Kritik in den Zeitschriften, vor allem in Fachzeitschriften aller Richtungen wie Politik, Soziologie etc. In der Beziehung gibt es Meinungsfreiheit, natürlich immer im Rahmen der sozialistischen Gesamtrichtung. Es gibt keine Freiheit, das System zu unterminieren, denn das empfindet Kuba als ein Attentat auf die Freiheit, besonders jetzt, wo Kuba noch von Gefahren und Feinden umgeben ist.

Fidel hat gesagt, daß man eines Tages selbst konterrevolutionäre Bücher in Kuba verlegen wird, aber im Augenblick könnten sie sich diesen Luxus noch nicht leisten, schon wegen der Papierknappheit (Cardenal lacht). Im Augenblick fehlt sogar das Papier für Schulbücher und revolutionäre Schriften.

Daß es in Kuba kein Parlament und keine freien Wahlen gibt, ist meiner Meinung nach kein Zeichen für Unfreiheit. Denn parlamentarische Demokratien gibt es in allen Ländern Lateinamerikas, sogar in den »Gorilla-Regimes« (Bezeichnung für brutale Militärdiktaturen, wie zum Beispiel in Nicaragua). Der Parlamentarismus ist hier nicht mehr als eine Formsache. Das Parlament repräsentiert nicht das Volk, sondern spielt Komödie. Dem Feudalismus gegenüber war die bürgerliche Demokratie durchaus ein Fortschritt, aber es kann von wirklicher Volksvertretung keine Rede sein. Diese Volksvertretung kann es nicht geben, ehe das Volk nicht von der wirtschaftlichen Ausbeutung befreit ist. Zunächst darf es kein Volk von Analphabeten mehr sein, denn in jenen Ländern, in denen 60, 70 oder 80 Prozent der Bevölkerung Analphabeten sind, kann das Volk nicht Herr seines Schicksals sein. Nachdem das Volk Bildung erworben hat und nachdem es auch über die Produktionsmittel verfügt und die Ökonomie des Landes in Händen hat, kann es auch Anteil am politischen Leben haben. In Kuba werden in den Fabriken wichtige Entscheidungen allein durch Abstimmung getroffen und durch Wahlen. Parteimitglieder, also diejenigen, die Macht ausüben, sind in Fabriken, in den Werkstätten und Arbeitszentren gewählt worden, gewählt vom Volk, auch von jenen, die nicht zur Partei gehören. Das heißt doch, daß es in Kuba Mitbestimmung des Volkes am politischen Leben gibt.

Ich glaube, dort herrscht ein Klima authentischer Freiheit. Man gesteht dem Volk ein Höchstmaß an Freiheit zu, soviel, wie die Revolution im Augenblick zugestehen kann. Und das ist in Wirklichkeit eine größere Freiheit als in den anderen lateinamerikanischen Ländern; ohne die Karikatur einer Demokratie, die wir haben, mit Wahlen und Abgeordneten.

Frage: Wie stehst du zu den »linken« Reichen in Lateinamerika und in den Industrienationen?

EC: Ich glaube, ein Reicher kann seine Seele retten, wenn er für die Revolution arbeitet und alle seine Möglichkeiten, die er mehr hat als jeder andere, einsetzt. Es nützt der Revolution aber gar nichts, wenn er sein letztes Hemd weggibt.

Es gibt natürlich viele Reiche, die »Revolution« schreien wie »Herr, Herr«, aber nicht daran denken, ihre Macht und ihr Geld – sei es in Banken, Fabriken oder Unternehmen – für den revolutionären Kampf einzusetzen. Armut möchte ich so definieren: Losgelöst sein, unabhängig sein von den Dingen, nicht an ihnen hängen. Der Reiche, der für die Revolution kämpft, muß wissen, daß er alles, was er hat, eines Tages verlieren wird, selbst sein Leben.

Ich habe gerade gestern in dem Buch von P. Gustavo Gutiérrez »Theologie der Befreiung« einen Absatz über die Armut gelesen. Er sagt darin, daß das Wort Armut ein zweideutiges Wort sei: einerseits bedeute Armut eine degradierende Situation (die Armut der ausgebeuteten Länder), andererseits aber ein menschliches und religiöses Ideal; es umfasse also gleichzeitig eine materielle und eine geistige Situation. Gutiérrez erklärt diese Zweideutigkeit anhand des Begriffs der Armut in der Bibel. Die materielle Armut ist in der Bibel ein Skandal, etwas, das man bekämpfen muß, etwas, das es im Volke Gottes nicht geben darf. Diese Art von Armut steht im direkten Widerspruch zum Sinn der mosaischen Religion. Gott wollte Israel als ein brüderliches Volk, in dem es keine Armen gibt. Die Existenz dieser Armut ist ein Bruch in der Solidarität zwischen den Menschen und verhindert die Begegnung mit Gott.

Es gibt in der Bibel aber auch den Begriff der geistigen Armut. Das ist die Armut derer, die vor Gott arm sind, die Armut der Demütigen, die Armut der Seligpreisungen. Wenn nun die materielle Armut, führt Gutiérrez aus, nach der Bibel etwas Verabscheuungswürdiges ist, so kann sie kein christliches Ideal sein. Das würde auch gleichzeitig bedeuten, gegen den Strom der Geschichte anzuschwimmen, denn auch die moderne Welt lehnt wie die Bibel diese Armut ab. Materielle Armut als christliches Ideal anzusehen, bedeutet in letzter Konsequenz, die Ausbeutung gutzuheißen. Christliche Armut bedeutet für Gutiérrez Solidarität mit den Armen und Kampf gegen die Ausbeutung; mit anderen Worten: revolutionär zu sein.

Und er sagt auch, daß es nicht gut sei, das Wort »Armut« zu benutzen, wenn man ein Lebensideal damit beschreiben wolle, weil es ein zweideutiges und verwirrendes Wort sei und weil Armut in der Welt heute eine infrahumane Situation bedeutet, gegen die man kämpfen müsse. Er zitiert einen Satz des heiligen Thomas, der sagte, daß ein vollkommenes Leben nicht in der Armut liege, sondern in der Nachahmung des Lebens Christi.

Sich mit den Armen solidarisch erklären, heißt natürlich, auf viele Dinge verzichten, oft auf die eigene soziale Klasse, auf Privilegien und Bequemlichkeiten. Und es kann bedeuten, viel zu wagen, vielleicht sogar sein eigenes Leben aufs Spiel zu setzen.

Das Ideal liegt nicht in der Armut, sondern im Überfluß, aber in einem gleichmäßig verteilten Überfluß. Es gibt einen schönen Satz von Mounier, den Gutiérrez auch zitiert: »Nachdem die Menschheit die geistige Armut durch die materielle Armut erfahren hat, ist sie jetzt zu Schwierigerem berufen: nämlich diese geistige Armut inmitten des materiellen Überflusses zu praktizieren.«

Frage: Viele Christen fühlen sich abgestoßen vom Gottesverständnis des Marxismus-Leninismus. Wie verstehst du das Verhältnis zwischen dem Gott der Bibel und dem Gottesverständnis des Dialektischen Materialismus?

EC: Für mich ist der Gott der Bibel auch der Gott des Marxismus-Leninismus. Weil es zwei Klassen des Atheismus gibt und auch zwei Klassen des Materialismus. Der Gott der Bibel ist der Gott, der mit den Menschen eins geworden ist. Es ist der Gott, den wir nur verstehen können durch den Menschen und durch die Liebe zum Menschen. Wir können keinen direkten Kontakt zu ihm haben. Der Apostel Johannes sagt: »Gott, den niemand gesehen hat.« Und die Aussage, die die atheistischen Marxisten machen, scheint mir der des heiligen Johannes ähnlich zu sein: »Gott, den niemand gesehen hat.«

Der wirkliche Atheismus, die wahrhaftige Verneinung Gottes, das sind für mich die Gesellschaften ESSO und STANDARD OIL; das ist der wirkliche Materialismus, der atheistische Materialismus in dem Sinne, wie wir die Verneinung Gottes verstehen müssen. Die DOW-Company, die ihr Geld mit Napalm-Bomben verdient, das ist Gottesverleugnung.

Deutsch von Anneliese Schwarzer de Ruiz und Hermann Schulz.
Aufgenommen Juni 1972

Quellen

Offener Brief und *Totenmesse* aus »Almanach 7 für Literatur und Theologie«; *Predigt* Erstveröffentlichung; *Weihnachtsgottesdienst* aus »Das Evangelium der Bauern von Solentiname«; *Epistel, Verdichtung, Genesis, Filmstar, Die Bäuerinnen, Don Vicente, Moyogalpa, José Dolores Estrada, Joaquín Artola* Erstveröffentlichungen; *Die Nacht, Abends aber, Anrufe* aus »Der du bist im Exil«; *Tagesanbruch* aus »Almanach 10 für Literatur und Theologie«; *Der Schwede* Einzelveröffentlichung im Jugenddienst-Verlag, Wuppertal; *Gespräch* unter dem Titel »Von der Heiligkeit der Revolution« als Einzelveröffentlichung im Jugenddienst-Verlag.